蒙台梭利教学法

张蕊翠 王丽莉 赖丽芳 主编

清华大学出版社

北京

内 容 简 介

本书共五章,分别为蒙台梭利教育理论概述、蒙台梭利教育基础、蒙台梭利教育内容、蒙台梭利课程实施以及蒙台梭利教学法本土化运用。本书不仅详细介绍了蒙台梭利教学法的基本理论,还通过翔实生动的图文案例介绍了蒙台梭利教学法的实践情况。本书不仅收纳了蒙台梭利教学法的经典工作案例,也将当代的、具有传统民族特色的工作案例整合收纳其中。

本书可作为学前教育、早期教育专业教材,也可以供托幼机构、早教中心在职培训使用,还可为广大关注蒙台梭利教育的读者提供参考。

图书在版编目(CIP)数据

蒙台梭利教学法/张蕊翠,王丽莉,赖丽芳主编.
北京:清华大学出版社,2024.9.-- ISBN 978-7-302
-67325-5

Ⅰ. G612

中国国家版本馆 CIP 数据核字第 20242V8479 号

责任编辑:聂军来
封面设计:刘　键
责任校对:刘　静
责任印制:刘　菲

出版发行:清华大学出版社
  网 址:https://www.tup.com.cn,https://www.wqxuetang.com
  地 址:北京清华大学学研大厦 A 座   邮 编:100084
  社 总 机:010-83470000   邮 购:010-62786544
  投稿与读者服务:010-62776969,c-service@tup.tsinghua.edu.cn
  质量反馈:010-62772015,zhiliang@tup.tsinghua.edu.cn
印 装 者:三河市人民印务有限公司
经 销:全国新华书店
开 本:185mm×260mm   印 张:11.25   字 数:255 千字
版 次:2024 年 10 月第 1 版   印 次:2024 年 10 月第 1 次印刷
定 价:39.00 元

产品编号:101272-01

本书编写组

主　编：

　　张蕊翠　　王丽莉　　赖丽芳

副主编：

　　王　娟　　叶　丽　　朱新言　　王一辰

　　祁宏大　　吴巧巧　　张小梨

参　编：

　　张月丽　　汪　琴　　房　婷　　王孝佳

　　李晶晶　　邹露露　　陈文英　　何　丹

　　邹志文

前言

　　蒙台梭利教学法作为世界知名的幼教理论,具有世界性。蒙台梭利教育思想自20世纪初引进我国以来,到目前为止对我国幼教领域,甚至是整个教育领域都产生了深远的影响。但是任何一种思想都存在优势与不足,我们在引进、研究、运用蒙台梭利教育思想的同时,应该考虑多方面因素。我们应该集中精力,努力为实现真正的蒙台梭利教育、真正的有中国特色的蒙台梭利教育而奋斗。

　　蒙台梭利在总结卢梭、裴斯泰洛齐、福禄贝尔等人自然主义教育思想的基础上,创造了自己的教学思想与方法,成为影响整个世界的幼儿教育体系。蒙台梭利教学法的成功,关键在于其超前的、科学的观念和方法——尊重儿童,引导儿童内在自我潜能的顺利发展,主张儿童在人类个体生命发展规律及大自然规律的指引下获得自我发展。正因如此,蒙台梭利教学法给她当时所处时代压抑儿童个性的学校教育理念与方法以强烈的冲击。也正是因为她的革命性的教育理念与方法,蒙台梭利教学法成为世界范围内公认的教育思想与方法。

　　我们在把握蒙台梭利教学法精髓的基础上,结合国内的实际情况编写了本书。在撰写本书时,我们力求做到既注重基本理论和概念的系统性,又重视其实践操作性。立足校企合作,系统地阐述蒙台梭利教学法的基本理论。以校企合作模式研究下的学前教育专业培养目标和课程设置方案作为编写依据,尽可能地满足实际的教学需要,提供了教学所需要的教学目标、案例和技能操作活动等内容。在编写过程中注重对教学方法本土化研究的探索,力求实现对蒙台梭利教学法的创新与突破,使其更适应新时代学前教育改革的需要。

　　本书共有五章,第一章为蒙台梭利教育理论概述;第二章为蒙台梭利教育基础;第三章为蒙台梭利教育内容,包含日常生活,感官、语言、数学、科学文化、艺术教育五大领域的课程设计;第四章为蒙台梭利课程实施;第五章为蒙台梭利教学法本土化运用。本书介绍了蒙台梭利教学法的基本框架,既有理论支撑,又有实践操作,保证了知识的系统性。

　　本书内容主要来源于一线教师实际工作的积累和总结,有理论、有实践,内容编排科学化、实践化、本土化,突破以往书籍的单一性,不仅可以帮助读者更好地理解与应用,而且方便教师操作和落实。希望本书能够帮助读者建立对蒙台梭利教学法的初步认识。蒙台梭利教学法的本土化、全民化还有一段遥远的路要走,期待大家共同用虚心、稳健的步伐去开拓它。

　　由于编者水平有限,书中难免存在不足之处,敬请各位专家、读者批评指正。

编者

2024 年 1 月

目录

第一章　蒙台梭利教育理论概述

建设教育强国是中华民族伟大复兴的基础工程，必须把教育事业放在优先的位置，加快教育现代化，办好人民满意的教育，教育是国之根本，党之大计。深化教育领域综合改革，加强教材建设和管理，在传承中国文化的基础上，融合国际先进教学法，不断提升中国文化软实力和中国文化的影响力，让中国每个孩子都享受高质量教育，都有人生出彩的机会。幼儿教育在教育改革中是一个重中之重的部分，学校和教师也需要不断地学习和创新，蒙台梭利教学法作为国际教学体系之一，具备先进的教学理念，独特的幼儿教育思想体系，蒙台梭利教学法对世界各国的早期教育都有广泛的影响。

第一节　蒙台梭利生平经历

教学目标

1. 了解蒙台梭利生活的时代背景。
2. 了解蒙台梭利的童年以及求学经历。

玛丽亚·蒙台梭利（Maria Montessori，1870—1952）是意大利第一位女医学博士，第一所"儿童之家"的创办者。她既是杰出的幼儿教育思想家和改革家，又是西欧著名的新教育思想家。她毕生致力于探索科学的教育，提倡在自由的氛围中让儿童获得发展，并且在以"发现儿童"为主旨的教育实践活动的基础上，创立了一套独特的幼儿教育理念。至今，蒙台梭利教学法在全球早期教育领域有着广泛的影响。蒙台梭利画像如图 1-1 所示。

图 1-1　蒙台梭利画像

一、蒙台梭利生活的时代背景

19 世纪末至 20 世纪初，世界经历了一系列重大的历史转变。资本主义经济体制逐渐进入帝国主义阶段，资本主义国家之间竞争加剧，伴随着一系列运动和斗争，各国人民对自由和民主的渴望越发强烈。在这个时期，社会的各个方面都发生了巨大的变化，深刻地影响了蒙台梭利的观念，也反映在她的教育思想里。

第一，科学和生产力快速发展。随着工业革命的发生，欧洲的自然科学中涌现出一系列重大发明和发现。科学技术迅速发展，社会生产力得到了显著提升，这一变化对政治、经济、文化乃至人类生活的各个层面都产生了巨大而深远的影响。

第二，思想迅速解放。经过 17 世纪至 18 世纪欧洲人文主义教育、新教教育、天主教教育的冲突与融汇吸收，人们的信仰和思想日趋多元化，人们头脑中多年的禁锢被打破，新兴的各种哲学和科学思想使人们的世界观有了重大改变。

第三，教育大范围革新。这个时期欧洲垄断资产阶级意识到原来占统治地位的传统教育理论已不能满足时代对教育的要求，教育成为推进科技进步、加速工业化、增强经济实力和维护统治秩序的重要因素和手段。为实现这一目的，需要改革学校制度，加速教育进程，创新教学内容和方法，以提高教育的成效。欧洲的新教育潮流和美国的进步主义运动成为推动学校改革和教育研究深入发展的动力。这两股思潮相互呼应，促进了教育领域的变革与探索。

第四，教育思想源源不断。在第一次世界大战之前的一段时期内，一大批博学多才的学者、专家以及广大教育工作者对教育问题进行了广泛而深入的探讨，积极投身于教育创新的浪潮之中，形成了关联、相互渗透的主流的科学研究趋势——儿童研究、学校调查研究和教育实验研究。这些科学研究的共同倾向是采用自然科学或实验科学，尤其是用生物学观点与方法来研究教育问题，力图建立科学的教育学。约翰·杜威在谈到教研教育的科学方法时指出，毋庸置疑，随着历史潮流的演进，旧有观念将逐渐消融，新方法、新意图、新疑问也将重新凝聚，这股科学变革的浪潮正如《物种起源》所描绘的那样。

意大利在 19 世纪上半叶一直处在奥地利帝国的统治之下，经过 1848—1870 年三次对奥独立战争，意大利军队终于在 1870 年 9 月解放了罗马。1870 年 10 月，意大利举行公民投票，以压倒性多数主张罗马与意大利合并，经过半个世纪的努力，意大利的统一终于完成。此后，政府和教会达成"保障法"，初步确定了教会与政府的关系。"保障法"虽然没有从根本上弥合政教间的裂痕，政府也并没有达成与教会的合作，但是这两个政权在事实上不得不同时存在并相互妥协。在以后的数年中，意大利社会逐渐发展。教会力量渐渐削弱，人们的思想逐步解放，民主意识有了较大的提高。

19 世纪末期的意大利，虽然经过几个世纪终于形成了统一的独立国家，但是它的经济发展却十分缓慢，到了 20 世纪初在欧洲还是比较落后。意大利居民大多是文盲，而且在某些大城市里，大批失业、无业的贫民过着极其凄惨的生活，孩子们的命运更是惨不忍睹。为保持古罗马文明风貌，罗马市政当局采取了一项残酷的措施，将这些人隔离在破败不堪、长久无人居住的贫民区，这种残酷的现实令人痛心。在这样恶劣环境下成长起来的儿童由于得不到良好的教育，往往不能适应时代发展的要求，容易引发各种社会问题。蒙台梭利怀抱着一种社会理想和责任感，为了让他们从黑暗、愚昧、凄惨的境遇中摆脱出来，她使用自己独具特色的幼儿教育理论与方法，在罗马圣罗伦佐贫民区建立了一个"儿童之家"，以满足孩子们的教育需要。

二、蒙台梭利的童年

1870 年 8 月 31 日，在意大利安科纳（Ancona）的基亚拉瓦莱镇（Chiaravalle），一位小姑娘出生了，她的名字叫玛丽亚·蒙台梭利。蒙台梭利的父亲亚历山德鲁·蒙台梭利是一位思想保守的传统绅士、贵族的后裔，年轻的时候是一名军人，曾经参加过意大利早期争取自由的战争。后转任公职，担任国家烟叶财政管理部门的会计，是一个较为成功的中产阶级公务员。蒙台梭利的母亲瑞妮迪·多潘尼性格开朗、善良，是一位虔诚的天主教徒。她是一位地主的女儿，博览群书。她还是一位极端的爱国主义者，致力于解放和统一意大利。她的叔叔是米兰杰出的学者兼神父安东尼奥是一名地质教授，同时也是一位自由派的神职人员。他创办学报，出版著作，企图调和自然科学和宗教精神。瑞妮迪也主张用同样的实证科学来解决意大利的社会问题。父母对蒙台梭利的教育态度从来不是骄纵的。有一次蒙台梭利等不及母亲做好饭，抱怨什么时候才能吃饭，母亲立马拿出冷掉的食物，对蒙台梭利说如果你不能等，就吃这个吧。从这件小事情可以看出父母从来不溺爱她，而是对她严格要求。母亲会要求蒙台梭利去帮助那些不幸的邻居，每天固定为穷人做些编织手工送给他们，有时还会让蒙台梭利做清洗地板等工作。虽然蒙台梭利的母亲生活是传统的，但是会鼓励女儿去打破刻板的角色。因此，蒙台梭利从小便形成了严谨、敦厚、善良的品性，也养成了独立、坚强的个性。谁也没有想到严格的家庭教育环境下会培养出一位震惊世界的传奇人物。蒙台梭利的父母非常热心意大利的解放与统一事业，他们的这种政治倾向也影响了蒙台梭利，她一生都对社会改革问题十分关注。

蒙台梭利的童年是在意大利安科纳度过的。童年时期的蒙台梭利就表现出与众不同的兴趣、爱好和想法。6岁时，蒙台梭利进入安科那的圣·尼可罗小学读书。在学校里，蒙台梭利是一个温柔善良、热心的孩子。虽然她的学习表现并不十分突出，但是已经表现出特殊的领导性格，常常会关心、照顾别人，这与她的家庭教育密不可分。从小的家庭环境造就了蒙台梭利童年时期坚强的个性特点。蒙台梭利10岁时生了一场大病，母亲焦急万分。但是蒙台梭利却对妈妈说：“亲爱的母亲，请放心，我的生命还未走到尽头，还有很多事情等着我去做。”童年时期的蒙台梭利很早熟，她自信、自主、乐观，从小就表现出对弱者的关爱。但是谁会想到蒙台梭利独特的兴趣和主张在后来会吓坏父亲。

三、蒙台梭利的求学阶段

蒙台梭利随着父亲事业上的变化，举家迁居罗马，开始了她新的人生阶段。在新城市，当地的公立学校为她提供了接受教育的机会，并且教学环境也相当不错。不同于那个时代的其他女孩，蒙台梭利表现出对理工类的热爱。1883年，13岁的蒙台梭利转入米开朗琪罗工科学校就读，接受中等教育。除了意大利语和历史等科目外，她还在学校学习代数、几何、地理和科学专业。她的父亲和亲戚朋友都认为工程学方向与她的身份不符，希望她改变主意，但是她很坚持，加上她勤奋好学，意志坚强，天资聪颖，所以中学各门成绩优秀，这时她表现出了对数学的热爱。1886年她以最优秀的成绩毕业。

完成中学学业后，蒙台梭利没有选择父母推荐的社会主流学校，而是决定进入技术专科学校，继续进修自己热爱的数学。1886年，年仅16岁的蒙台梭利进入国立达·芬奇工业技术学院，学习现代语言与自然科学。在技术学校，除了对数学的热爱外，她还对生物学和人类学产生了独特的兴趣，并开始学习物理、化学、植物学和动物学等理科专业。此时的技术学院里大多数都是男生，女生只有蒙台梭利和另外一个女孩。为了免受男生们的干扰，为了能成为一名工程师，两个女孩每到休息时间就只好把自己关在一个特殊的房间里。和初中一样，她在数学上依旧表现非常突出，在20岁时就获得了数学学位。

从技术学校毕业后,父母鼓励蒙台梭利去当一名教师,因为教师是那个时代为数不多的向女性开放的职业。但是本来想要成为工程师的蒙台梭利,又对医学产生了很大的兴趣。她产生了放弃学工、转而学医的想法,于是她积极准备报考医学院。但是她的想法遭到了前所未有的阻碍。首先,是来自社会的,社会上女性报考医学院是极为罕见的。当时蒙台梭利报考医学院成为一则社会新闻,人们普遍认为,女性学医不仅有诸多不便,还有伤风化。1890 年,由于蒙台梭利的女性身份,她在申请就读罗马大学医学专业时遭到了拒绝。其次,是来自家庭的,蒙台梭利的父亲期望她能够担任教职。蒙台梭利决定学医的时候在家中引起了轩然大波,父亲坚决反对并断绝了对蒙台梭利的经济支持。最后,是来自老师的,蒙台梭利曾去拜见早已名扬世界的外科医生、医学教授、时任教育部部长的朱朵·巴塞里,他告诉蒙台梭利,她不能以医学学生的身份上大学。但是蒙台梭利走的时候坚定地握住老师的手对他说:"我一定要学医。"蒙台梭利这么笃定,大概是因为她的信念:作为人,我们必须有一个使命。1890 年,她参加了罗马大学自然科学学位课程,并通过了多门考试,涵盖生物学、物理学、化学和解剖学等学科。之后又额外修读了意大利语和拉丁语,获得了学习医学课程的资格。1892 年,22 岁的蒙台梭利几经周折终于进入罗马大学医学院攻读医学专业,成为意大利首位进入罗马大学医学院学习的女性。在医学院她过得并不容易。首先是经济的压力,由于父亲停止资助,蒙台梭利为了继续学业不得不靠争取奖学金和兼任家庭教师来赚取生活费。其次是男同学的歧视,因为不允许被混合在一个班上课,她不得不独自去解剖尸体。但她在医学院始终刻苦钻研,克服种种困难,学习成绩远远超过男生。1896 年,26 岁的蒙台梭利在罗马大学以最高分获得了医学博士学位,成为意大利历史上第一位获得该学位的女性。父亲起初坚决反对蒙台梭利学医,但随着媒体对蒙台梭利的报道逐渐增多,父亲开始改观并收集、整理了相关报道,做成纪念册。因此,后人才能更深刻地了解蒙台梭利的成长史。

第二节　蒙台梭利教学法的建立与传播

📖 教学目标

1. 了解蒙台梭利教学法的建立与传播。
2. 理解蒙台梭利教学法在当下的重要意义。

一、蒙台梭利教学法的建立

蒙台梭利毕业后的第一份工作是在罗马大学的附属精神病诊所治疗智力有缺陷的儿童。为了更好地了解这类儿童,她认真研究了伊塔和赛根的著作以及教育方法,从中获得了巨大的启发。

她开始观察孩子们在平常生活中展示出的不寻常行为,并发现孩子们总是趴在地上,触摸、抓握地上的东西,似乎在"寻找什么"。针对这个现象,经过多次观察、思考和探究,她从孩子们的房间环境找到了一个解答,她发现房间中教具很少,而患儿们的动作像是渴望有东西来探索、操纵和玩耍,来满足与周围环境互动的渴望。相似的场景发生在路边,一个三岁大的孩子在地上捡起了肮脏的糖纸,并对这张糖纸爱不释手,对母亲多次伸过去的美味蛋糕也无动于衷。经过反复思考,她得出一个观点:儿童所喜欢玩的东西比食物更重要。

通过深入研究和观察,蒙台梭利总结了一个结论,儿童的智力缺陷主要是教育问题,而非医学问题。基于这一认识,她着手改善特殊儿童的教育,并积极呼吁社会各界关注这些孩子,为他们提供适当的教育机会。她的不懈努力获得了社会的认可,并且荣幸地被任命为国立特殊儿童学校的校长。她先后协助了许多智力有缺陷的儿童,使他们在国家考试中获得了引人瞩目的成绩,甚至超过了同龄的正常儿童。她的辛勤付出取得了显著的效果,让这些孩子展现出了他们的潜力和能力。蒙台梭利的思考并不止于此,她开始思考将现在的教学延伸到正常儿童的教育上,即是否也能让正常儿童有同等程度提升。1901年,她开始将研究的重点转移到3~6岁年龄段的正常孩子的教育。

1907年,蒙台梭利先后在罗马贫民区和圣罗伦佐开办了"儿童之家",专门接收3~6岁因为贫穷没有机会上学的孩子。这些孩子的父母没有文化,没有工作,生活困苦,也没有良好的卫生习惯。他们粗鲁,行为异常,发育不良,有些孩子还养成了不良的生活习性。为了更好地实现教育目标,"儿童之家"是免费授课的,家长们唯一要做的是密切配合学校的工作,按时接送孩子,积极汇报孩子在家中的表现。

面对教学资源匮乏的环境,蒙台梭利认为传统的教学方法无法满足这些孩子的需要,于是她开始布置教室,进行系统的教育实验,设计并制定了一系列的教材、教具、教法,她的蒙台梭利教育体系也逐步建立。在教学期间,她适当修改了智力有缺陷儿童的教育方法,成功地将其应用于正常儿童,并取得了巨大的成就。这一创举引起了国内外人士广泛的关注和赞赏。她将在"儿童之家"积累的教育理念和教学经验总结成了《运用于儿童之家的科学教育方法》一书,书籍出版后受到全球教育界的高度推崇,并被翻译成了二十多种语言。

蒙台梭利教学法的核心是教育要充分挖掘儿童的潜能,尊重儿童的创造性,通过为儿童提供有准备的环境、在给予儿童自由的前提下协助儿童自我发展。蒙台梭利教学法自1912年开始在美国传播并受到全世界早期教育的极大推崇。

二、蒙台梭利教学法的传播

"儿童之家"教育实验的成功使蒙台梭利声名远播。当时的报纸、杂志都对"儿童之家"进行了生动的报道。蒙台梭利的"儿童之家"不单纯是一个寄托孩子的收容所,而是真正的教育机构,是以儿童的生理和心理发展为依据,用科学的教育方法教育孩子的真正学校。因此慕名前来学习的人络绎不绝,为了满足各国的需要,从1919年开始,蒙台梭利开始开设国际训练课程班。训练班每期半年,招收各国学员。蒙台梭利亲自授课,传播她的教育方法。此课程班从1919年一直办到1938年,其中首届及每隔一年固定在伦敦举办,其余的年份在欧洲、美国和印度等其他国家举办。蒙台梭利教学法非常受欢迎,有时来参加培训的人员高达4000~5000人。参加培训的学员回国后,大力宣传蒙台梭利的教学方法,由此蒙台梭利教学法在世界范围内的影响越来越大。

（一）蒙台梭利教学法在国外的传播

1. 蒙台梭利教学法在意大利

1907年1月，蒙台梭利在罗马建立了第一所"儿童之家"，并于同年4月和11月分别在圣罗伦佐建立了第二和第三所"儿童之家"。1908年10月，米兰的另一个"儿童之家"由当地慈善家协会资助在工人住宅区完成建立。1909年，蒙台梭利在罗马举办国际教师讲习班，对"儿童之家"的教育理论和方法进行了全面阐述。1911年，蒙台梭利离开"儿童之家"，开始了将重心转为向教师和专家推广蒙台梭利教学法。1913年，蒙台梭利在意大利举办了两期国际教师培训班，每期6个月，学员都是各国代表，她亲自授课并先后培训了来自三四十个国家的五六千个学员。为了进一步传播蒙台梭利教学法，在意大利还开设了国际教师培训班。蒙台梭利的"儿童之家"和教师培训活动受到社会各国教育者广泛关注，不久后，在罗马地区成立了蒙台梭利协会，蒙台梭利教学法当时在意大利是远近闻名的。1922年，随着墨索里尼开始推行法西斯主义的独裁统治，蒙台梭利的自由教育思想与法西斯主义水火不容。1934年，蒙台梭利不得不离开祖国前往西班牙，随后定居荷兰。1935—1936年，意大利相继关闭了所有的蒙台梭利学校，并对蒙台梭利的著作进行了查禁和焚毁。1947年，意大利政府邀请蒙台梭利回国，重建意大利蒙台梭利协会。

2. 蒙台梭利教学法在英国

1912年，《蒙台梭利早期教育法》英文版在英国出版，各地纷纷开办了"儿童之家"。1919年英国首次开始教师训练课程，蒙台梭利亲自授课，为期两个月。之后，蒙台梭利每两年前往伦敦开课一次，一直持续到1938年。第二次世界大战结束后，她去英国伦敦进行国际师资训练课程的讲授。由于英国著名教育家罗素和沛西·能对蒙台梭利教学法给予了高度赞扬与评价，蒙台梭利教学法在英国得以广泛传播。

3. 蒙台梭利教学法在美国

1912年，美国麦克劳杂志以《在美国出发》为题长篇介绍蒙台梭利。同年，《蒙台梭利教学法》在美国出版，美国教育界人士对蒙台梭利教学法产生了极大兴趣。1913年年底，蒙台梭利应邀访问美国，宣传教育理论及方法。此时，美国掀起了蒙台梭利教育运动。1915年，蒙台梭利在洛杉矶和圣地亚哥开设教师训练课程。同年，第三届国际训练课程在美国旧金山开课。然而，由于蒙台梭利教学法所提倡的理论（早期教育重要性、有吸收性的心智、自发学习等）不仅有悖于当时美国教育界的主流思想（早期经验无意义、预定发展说、固定智力论、刺激反应论等），而且美国著名教育家克伯屈因蒙台梭利教学法"毫无新意"而对其进行了猛烈抨击，致使蒙台梭利教育热迅速冷却。1916—1917年，美国蒙台梭利教育运动陷入低潮。随后的40多年，蒙台梭利教学法在美国逐渐销声匿迹。

第二次世界大战后，世界各国科技迅猛发展。20世纪50年代后期，苏联第一颗人造卫星发射成功，美国各界深受震动，对自身教育制度产生了怀疑。一些教育家和心理学家发现，美国各种流派盛行一时，却都无法从根本上解决教育质量低下的问题。此时，一些教育家对蒙台梭利教学法进行了重新审视，认为其对早期教育的重视、所提倡的感官训练方法以及对智力发展的看法等均有重要的借鉴意义。由此，蒙台梭利教学法在美国得以复兴。1958 年,冉布什女士在康涅狄格州格林尼治建立"怀特白学校"(Whiteby School)。这是蒙台梭利运动在美国销声匿迹 40 多年后,在美国出现的第一所蒙台梭利学校。1960年,"美国蒙台梭利协会"重新成立。据统计,当前美国蒙台梭利学校已达 5000 多所,蒙台梭利教学法已从学前教育和小学教育领域扩展到中学教育领域。

4. 蒙台梭利教学法在印度

1939—1946 年,蒙台梭利在印度讲学,从事研究和写作。这一时期甘地领导的反殖民主义斗争即将获得胜利,这是基础教育运动兴盛的时期。在这样一个时代,蒙台梭利的教育理念和教学方式受到普遍好评。她不厌其烦地在印度各地考察讲学,受到甘地、尼赫鲁以及泰戈尔的热情赞扬。对印度人民有着深厚感情的蒙台梭利对印度文化更是情有独钟。第二次世界大战结束后,蒙台梭利返回欧洲,并于 1948 年再次返回印度进行访问,并在印度建立了一所示范学校(招收 3~12 岁的孩子)。作为纪念蒙台梭利在印度活动的标志,这所学校至今仍然保留着。1959 年,贾格迪什博士在印度北方邦首府勒克瑙建立了一所招收 3~17 岁学生的蒙台梭利学校,目前有 4.7 万名学生,成为目前世界上最大的蒙台梭利学校。

5. 蒙台梭利教学法在日本

20 世纪初,日本的部分人借鉴了欧美新兴的自由主义教育理论,提出了自由保育思想,以替代专制主义教育观。此时,蒙台梭利教育思想和方法传入日本。1914 年,姬成学校校长河野清丸开始在学校推行蒙台梭利教学法。为了深入研究和广泛传播蒙台梭利教学法,日本实施了多项重要举措。首先,日本设立了蒙台梭利综合研究所及其附设于上智大学内的蒙台梭利协会,为教育界提供了一个研究、学术交流和支持的重要平台。其次,东京建立了专门的蒙台梭利教师培训中心,旨在培养教育从业者对蒙台梭利教学法的全面理解和应用能力。此外,日本还在幼儿园领域引入了蒙台梭利教学法,大约有十分之一的幼儿园采用该教学法。这一系列举措对日本幼儿教育产生了积极而深远的影响。

(二)蒙台梭利教学法在中国的传播

早在 20 世纪初,随着《蒙台梭利早期教育法》中文译本的出现,蒙台梭利教学法就传入了我国。自 1913 年起,《教育杂志》连续刊登多篇文章客观介绍蒙台梭利教学法。1914年,江苏省成立了"蒙台梭利教学法研究会",致力于研究介绍蒙台梭利教育思想和方法。教育家张雪门、陈鹤琴、张宗麟等对蒙台梭利教育本土化进行了探索。1923 年,国立北平女子师范大学附属蒙养园引进蒙台梭利教育方法,使蒙台梭利教育思想从理论走入实践。然而,受当时社会影响,短短 3 年便停办。1933 年以后,关于蒙台梭利教育方法的介绍便极为少见。1949 年年底,在第一次全国教育工作会议的总结报告中,首次向教育工作者明确提出借助苏联教育经验的意见,全国上下掀起了"全面学习苏联"的热潮。在这种情况下,蒙台梭利教育思想被视为资产阶级的教育,遭到了批判,由此阻碍了人们客观地了解蒙台梭利及其教育思想,极大地影响了蒙台梭利教育思想在中国的健康发展。

改革开放之后,教育全面恢复走向健康,蒙台梭利教学法得以在内地传播与推广。1985 年,北京师范大学卢乐山教授出版了《蒙台梭利的幼儿教育》一书,成为中华人民共和国成立后内地第一本论述蒙台梭利教育理论与方法的著作。这本著作的出版引发了人们对蒙台梭利教学法的浓厚兴趣,特别是在幼儿教育领域。教育从业者和热爱者积极借鉴这一教育法的理念和方法,试图将其运用到实际教学中。随后,在 1985 年成立的蒙台梭利启蒙研究基金会与北京师范大学展开了紧密的合作。为了进一步研究和验证蒙台梭利教学法在中国的适用性,该基金会与北京师范大学联手选择了两所具备实验条件的幼儿园作为实验基地——北京师范大学实验幼儿园和北京市北海幼儿园,这次深度合作为后续的实践奠定了坚实的基础。

1994 年,北京师范大学积极邀请了来自我国台湾地区的教师,分享和交流我国台湾地区的优秀案例,并介入研究"蒙台梭利教育中国化实验研究"的课题,这次合作为我国蒙台梭利教育的发展注入了新的活力。

1996 年首批蒙台梭利教具的完成生产,并在北京和宁夏的两所幼儿园投入使用,作为教学的试验基地。中国教育学会将其纳入了重要的研究项目,包括"十五"规划课题、"幼儿园学习能力发展的试验研究"等,进一步推动了该教育法在教育界的应用和研究。随着幼儿园实践中的显著成效不断被验证和证实,其影响范围也逐渐扩大,越来越多的教育工作者认识到蒙台梭利教学法的价值和意义,幼儿园掀起了使用蒙台梭利教学法的热潮。

中国于 1998 年 4 月在北京举行了"中国蒙台梭利教师培训计划"的启动仪式和"蒙台梭利教育在中国"研讨会。同年 5 月,"北京师范大学蒙台梭利研究中心"成立,蒙台梭利教学法广泛传播。进入 21 世纪,蒙台梭利教育思想研究达到了空前水平,介绍蒙台梭利教育思想的专著和论文越来越多,蒙台梭利教育思想被越来越多的学前教育界人士所认识,国内已经有相当多的幼儿园开始将蒙台梭利教育思想应用于实践。

20 世纪 50 年代,蒙台梭利教育著作在我国台湾地区被翻译出版。与此同时,一些教育者对蒙台梭利的教育理论和方法进行了研究,并出版了相关书籍,包括《蒙台梭利教学法》(许兴仁)、《简介蒙台梭利的教育法》(陈腾祥)、《蒙台梭利的儿童教育》(田培林)、《蒙台梭利教育思想的重新评价》(刘昆辉)、《蒙台梭利儿童教育思想》(陈诞)、《蒙台梭利与幼儿教育》(许惠欣)等。1985 年,单伟儒教授发起的"蒙台梭利启蒙研究基金会"在台北成立。1986 年,该基金会设立了蒙台梭利师资研习中心,在我国台湾各地开办蒙台梭利教学法研习课程。到 2012 年,该研习中心已培养了两万多名蒙台梭利师资,与美国蒙台梭利单位合作,赴美学习并取得 AMS 美国蒙台梭利教师资格证的教师超过 400 名。这些优良师资服务范围遍布中国、菲律宾、泰国、越南、印度尼西亚等地,辅导过 300 多所蒙台梭利幼儿园、托儿所及托婴中心,并为父母开设不同形式的讲座。1989 年,该基金会创立了教具服务中心,为蒙台梭利教育工作者提供蒙台梭利教具。基金会推出首套 3~6 岁儿童蒙台梭利教学录像带,内容涉及理论教育、日常生活教育、感官教育、数学教育、语文教育、自然人文教育、音乐启蒙教育等多个方面。为了使蒙台梭利教学法更广泛地走进每一个园所,走进每一个家庭,基金会还创办了《蒙台梭利》这本通俗的刊物。1994 年,由于从事蒙台梭利教育事业的人数不断增加,基金会成立了中国蒙氏幼儿教育科学研究促进会,共同对蒙台梭利教学法进行研讨和推广。

关于蒙台梭利在我国发展的时间线,如图 1-2 所示。

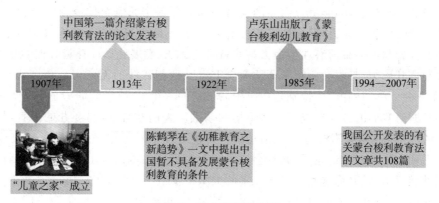

图 1-2　蒙台梭利在中国

第三节　蒙台梭利的教育理论

教学目标

1. 掌握心理胚胎期、吸收性心智、敏感期、秩序感等概念,熟悉儿童发展的不同阶段。
2. 理解蒙台梭利的教师观,包括教师的角色、资质以及人格与品质的培养。
3. 理解蒙台梭利教学观中有准备的环境、蒙氏教具、纪律与自由、奖惩与环境。

一、蒙台梭利的儿童观

(一)儿童具有心理胚胎期

蒙台梭利认为除了生理胚胎期,儿童还具有一个心理胚胎期。生理胚胎在母体中就已经形成,不断在母体中汲取营养,不断生长形成。而心理胚胎则相对晚一些,是出生时才开始发育直到 3 岁的儿童阶段。这是人类特有的,又称"精神胚胎期"。在合适的环境下,人类和动物都会自然演化和进化。但是,与动物不同,人类无法在出生时就完全展现出本能,也无法立即实现协调的动作。许多动物出生后在数小时内甚至数分钟内可以学会站立和奔跑。人的本能是在生命的进程中不断显现出来的。蒙台梭利认为从出生到 3 岁左右正是儿童心理形成的时期。心理的发展过程经历着与生理发展相同的过程,从无到有。在生命体内生命力和创造力的驱使下,儿童经过汲取外界环境的刺激和影响,积累材料,逐渐开始心理活动,形成最初的心理现象。因此,从出生到 3 岁左右成人给予儿童的生长环境直接影响儿童心理的形成。

(二)儿童具有吸收性心智

蒙台梭利认为儿童自出生之日起就蕴含着勃勃生机。蒙台梭利自创立"儿童之家"开始,每天花大量的时间跟儿童在一起,观察他们。通过几年的观察与教育实验,她发现每个儿童在学习过程中都具有各自的潜能。这种潜能是一种内在的生命力,这种生命力是一种积极的、无穷无尽的能量。内在的生命冲动力是每个儿童个体身上的能量。这个能量赋予儿童旺盛的生命力,促使他们积极努力生长,不断完善自己。蒙台梭利称这种内在的原动力或者与生俱来的潜在生命力是儿童自我成长、发展并形成独特心理的基本动力,蒙台梭利将其称为"吸收性心智",即儿童身上有一种创造性的无意识心智。蒙台梭利认为,孩子有独立学习的能力,特别是在出生后最初的三年里,孩子们渴望了解外界的一切,而这一时期对我们的人生形成了很多事情的基础。人们常常会问,婴儿的语言习得是如何发生的? 当成人要记住所学的英语短语的时候必须很努力地去反复记忆才能学会,但是婴儿是如何学的? 他记住了,并且会说了。儿童只要在母语环境中正常生活就可以自然而然学会母语,就好像这些信息在儿童的大脑中发生了化学变化。小于 3 岁的孩子,即使在普通话、方言和外语同时存在的多语言环境中,也能轻而易举地学会一门语言,因为他们有吸收性的心智。但是长大后,学习新的语文也变得困难起来。蒙台梭利认为周围的一切信息不仅进入了儿童的心智,而且塑造了儿童的心智。儿童就像海绵一样,没有任何阻碍地在吸收周围的一切信息,这就是所谓的"吸纳之心""吸收性心智"(absorbentmind),即能通过各种印象和文化,"利用他周围的一切塑造自己",从而形成心理、个性和一定的行为模式。正是由于吸收性心智,随着不断成长,儿童不断形成更复杂的心理现象。她强调,孩子的心理发育,恰恰是吸收性心智天赋能力的自然流露。孩子在人生的最初几年,正是靠着这种吸收性的心智,获得了各种关于身边的事物印象和文化模式,构建自己心理的一部分,在人格和行为上形成了自己的独特模式。这种在童年时期所获取的一切将一直保持下去,甚至影响一生。吸收性心智是一种人类的神奇天赋,儿童无须刻意努力,只要生活,就能从环境中吸收语言等复杂文化。拥有吸纳之心的儿童相信一切、渴望一切,也包容一切,不管是贫穷还是富有,不管是偏见还是习俗,可以消化人类世界的一切差异。

(三)儿童发展具有敏感期

蒙台梭利关于敏感期的概念是受荷兰生物学家雨果·德弗里斯(Hugo de Vries, 1848—1935)的影响。德弗里斯通过研究发现,在生物界存在一个事实,即各类生物对于特殊的环境刺激都有一定的敏感期,这种敏感期与生物的生长现象密切相关,且跟一定的生长阶段相适应。例如,蝴蝶会把卵产在安全隐蔽但是离嫩芽长出的地方不太远的地方。嫩芽总是长在枝头向阳的地方。所以当幼虫破卵后,在没有接受任何指导的情况下,幼虫会本能地对光线十分敏感,然后就会去寻找光明,朝着树梢爬过去,这样就自然找到了美味的嫩芽,获得食物。当幼虫长大后,不再只局限于以嫩芽为食物时,它对光的敏感性就消失了,即对光线的敏感期就结束了。长大的幼虫可以开始学习其他的求生方法和技能了。蒙台梭利认为,儿童的心理发展过程也与生物学现象类似,也存在这样的敏感期。在儿童心理发展的不同阶段存在不同的敏感期,如果过了特定的时期,敏感期也会消失。许多人把敏感期又叫关键期。众所周知,奥地利生态学家康拉德·劳伦兹(Konrad Lorenz)在研究鸟类的自然习性时提出了关键期的概念。即刚孵出的幼鸟,会在出生后很短的一段时间内追逐自己的同类,如果错过了关键时间,它们便很难再学会此类行为或"印刻"自己的母亲。他认为这段关键时间是幼鸟追逐母亲的关键期。在这个关键期内,即使出现在它眼前的不是它的同类,它也可能会追随这个"母亲"。发展心理学家从这个角度出发,将关键期的概念引入儿童行为学习的研究领域,认为关键期同样存在于孩子的心理发育过程中。关键期是在适当的时机对孩子进行正确的教育,孩子心理发展较快的某一阶段中,某一心理活动和机能发展变化最大、最有可塑性的阶段;如果失之交臂,可能会导致以后教育的难度很大,或者造成终身障碍。例如,3岁以前是孩子语言发展的关键期,错过了这个关键期,后面就很难再发展语言了。

蒙台梭利从生物学的观点出发,认为儿童心理的发展存在敏感期,儿童在发展过程中经过不同的阶段,且每个阶段都有某种心理的倾向性和可能性显现出来。儿童的敏感期是指在儿童成长过程中,受个体内在生命力的驱使,在某个时间段内会对环境中某一事物的特质产生某种强烈的欲望和冲动,并不断重复实践,以惊人的行为完成该时期发展的使命。儿童在敏感期内会受内在天赋潜能冲动的驱使,对周围环境中的事物产生兴趣、需要、活力和激情,蒙台梭利认为如果需要能够得到满足将会取得巨大的发展。因此,敏感期是儿童发展某个方面能力的最佳时机。敏感期相对于其他时期更容易学习某种知识和行为,甚至起到事半功倍的效果。如果善待和利用了这个敏感期,儿童的发展就会顺利而成功;如果错过或破坏了这个敏感期,就会导致教育的失败,而且这种失败往往不可补救或很难补救。总之,敏感期发生在童年期,会在一段时间内某些方面表现出一种特殊的敏感性。敏感期短暂易逝,且只在为获得某种特性时表现出来,一旦获得了这种特性,敏感性就会消失。

蒙台梭利认为,儿童在不同的敏感期都有特殊的感受能力,这种感受力促使他对环境中的某些事物十分敏感,因此会将自己的注意力集中在这一事物上,并表现出浓厚的兴趣。蒙台梭利通过研究发现了儿童的许多敏感期,如语言敏感期(2个月~8岁),感觉敏感期(0~5岁),动作敏感期(0~6岁),秩序敏感期(1~4岁),细节敏感期(1.5~3岁),生活规范、社会礼仪敏感期(2.5~6岁),书写敏感期(3.5岁开始),文字、数学、音乐敏感期(4岁开始),工作敏感期(3岁开始)等。

成人如何才能把握孩子的敏感期呢?首先,要敏锐地观察儿童的发展。实际上每个儿童敏感期出现的时间是有差异的,因此需要成人细心地观察儿童的身心发展情况以及个体需求,这样才能很好地把握儿童的敏感期。其次,要为儿童创设一个充满各种丰富刺激的环境。当成人观察到儿童每种敏感期出现时,要及时地为儿童提供一个能够满足发展需要的环境。再次,要给予儿童成长的空间,鼓励儿童去探索、去尝试。不论哪类敏感期出现,都需要儿童自己去尝试,发展自我。成人要及时鼓励儿童,给予儿童充分的信赖和尊重。最后,当儿童需要时要给予适时的帮助和指导。当儿童在与环境互动时,成人不要给予过多的干预,但是如果儿童需要成人帮助时,成人要及时出现,促进儿童获得更好的发展。

(四)儿童发展具有阶段性

儿童发展过程中具有敏感期,据此蒙台梭利发现儿童发展具有阶段性。儿童的发展是个体与环境交互作用的结果,每一个发展阶段具有典型的身心发展阶段特征,不同阶段具有不同的心理特点。这个过程是连续的,当一个心理阶段结束时,另一个阶段随之而来,前一个阶段是后一个阶段的基础。

第一阶段是0~6岁,这个时期是儿童个性形成的重要时期。这一阶段又分为心理胚胎期(0～3 岁)和个性形成期(3～6 岁)。3 岁前儿童处于心理胚胎期,儿童主要借助吸收性心智来适应生活。0～3 岁儿童无意识地建构起了心理胚胎。这一时期是人格基础的形成时期,也是身心各种能力发展的奠基时期。儿童无意识地吸收周围环境的一切信息,无意识地去感受周围环境中的一切事物特征,获得大量的印象,依靠这些印象建构自己的心理胚胎。这个时期的儿童由于生理系统上的发育不完全,只能借助听、看、动作等形式来获取信息和积累经验。这个时期儿童没有任何有意识的思维活动,只是通过感知觉去探索周围的世界,依靠内在的敏感性来吸收周围的信息。这个时期儿童离不开成人,甚至可以说完全依赖成人。但儿童正在逐步成长为一个独立的人:出生后独立于母体之外;6 个月左右开始吃辅食,不再完全依赖母乳;开始学习行走,儿童扩大自己的活动范围;习得语言,加强与周围的沟通与交流,开始学习思考;想要自己试试看,拒绝成人的帮助。3～6 岁阶段,儿童开始变得容易受到成人的影响。3～6 岁儿童通过模仿成人来认真且有意识地完善自我。他们的智力、独立性、社会适应能力、性格都获得了发展。在 6 岁之前的这一阶段,儿童的人格发生了巨大的变化。儿童在这一阶段的发展主要包括通过作用于环境的活动发展意识以及充实、完善已经形成的能力。这是一个从无意识到有意识的发展阶段。3 岁是从无意识到有意识的转折期。蒙台梭利认为儿童在发展过程中,获取信息的方式不再仅仅依赖感觉器官,也依赖手。因为手是"能直接接触到的生理器官"。他们不再依赖成人的帮助,而是开始有意识地通过参加活动,进行有意识的加工创造,直至获得更高级的记忆、理解能力和思维能力等心理能力。儿童通过成人的帮助不断地与环境互动,对知识、文化、社会逐渐产生兴趣,通过与环境的相互作用,儿童的个性得以逐渐形成。虽然儿童与环境的互动大多建立在对成人的模仿基础上,但却是有选择的。通过不断地活动,儿童的无意记忆、形象记忆都得到了发展。5～6 岁时记忆的有意性开始加强,语词记忆也不断发展。虽然这个时期儿童的思维主要是具体形象的,但是在 5～6 岁儿童已经明显地出现抽象逻辑思维的萌芽,而这恰恰是儿童独立思考的开始。

第二阶段是 6～12 岁,这个时期是有意识的学习阶段。在这一阶段,身体发展和精神发展都非常稳定。儿童精神上逐渐变得健康、强壮、非常稳定,表现得平静而快乐。罗斯说,稳定性是儿童阶段后期一个非常明显的特征。这一阶段的特征是身心发展已经具有很大的稳定性,开始逐步具有抽象思维能力,产生道德意识和社会感,想要更广阔的生活圈子,想象力丰富、有冒险精神。这个时期一个非常大的身体变化是乳牙脱落,长出恒齿。儿童开始寻找更广阔的社会生活,积极交朋友,从事各项群体活动。

第三阶段是 12～18 岁,儿童进入青春期。儿童身心有了很大的变化,发展逐步走向成熟。他们有了自己的理想,产生了爱国心和荣誉感;开始具备自尊心和自信心,能根据自己的兴趣探索事物。成人应该创造更多的条件,让儿童多与其他人接触,鼓励他们展开人际交往,在广泛的社会生活中,认识世界、了解世界,建立自尊、树立自信,最终适应人类生存的世界。

(五)儿童的秩序感

1. 儿童的双重秩序感

儿童具有双重秩序感:一种是外部秩序感,这种秩序感与儿童对他所在环境的体验有关;还有一种是内部秩序感,使儿童意识到自己身体的不同部分及这些部分的相对位置,这种敏感可以被称为"内部定位"。

2. 儿童秩序感的培养

儿童对秩序的喜好是由于他们需要一个精确且有所规定的环境,只有在这样的环境中,儿童才能将自己的知觉归类,进而形成内在的概念架构来了解环境并学习如何对待环境。因此蒙台梭利主张给儿童提供有明确秩序的、有准备的环境,各种工作材料的有序摆放能够满足儿童工作中对秩序的追求并促进儿童秩序感的进一步完善。

(六)儿童的工作

蒙台梭利认为,儿童通过双手的工作来建构自我,用双手作为人格的工具,以及智力与意识的表现。不工作,儿童就无法形成其人格。

蒙台梭利认为,儿童的工作与成人的不同,儿童集中表现是"为工作而生活",而成人是"为生活而工作"。儿童的工作是受内在本能驱使,以自我实现为内在工作目标而没有外在目标,是一种创造性、活动性和建构性的工作,是按自己的方式与速度独立完成而无人可以代替。蒙台梭利不止一次提出,儿童的工作必须由自己独立完成,成人的贸然介入会让儿童丧失与周围环境的一些联系,会阻碍儿童的正常工作。

二、蒙台梭利的教师观

蒙台梭利在关注孩子发展的同时,也十分重视教师素养的提高。蒙台梭利对教师要求严格,幼儿教师要树立正确的教育观,要摆脱传统幼儿教育中教师与幼儿的角色关系。她把老师改称为"指导员",把引导孩子的心理活动和生理发育作为主要任务。指导员的作用比一般人理解的要深入和重要得多,因为她要了解孩子的生活和心灵,不仅仅是教孩子知识,而是要为孩子准备一个学习的环境,做孩子的观察者和引路人。

蒙台梭利认为,比起掌握技能,教师的精神状态更为重要。教师的准备不能只是停留在让自己成为一个有教养的人,更重要的是要有警觉性、稳健性、耐心、爱心、谦卑等品德,最重要的是要能时时刻刻为孩子着想。做到首先要热爱儿童,相信儿童;其次是研究自我,做好心理准备;最后是耐心等待,不要急于干涉儿童。

(一)教师的角色

在蒙台梭利教育体系中,教师的角色可以归纳为以下几个方面。

1. 观察者

教师首先是一位观察者。在教育活动中,儿童是主体,是中心。儿童全神贯注地进行自己的工作,进行自我发现、自我教育。教师要以科学家的精神,运用科学的方法去观察儿童、了解儿童、研究儿童。通过观察揭示儿童的内心世界,教师观察研究的成果是为了更好地根据儿童的需要设计、改进、更新教具和材料。蒙台梭利强调必须在自然条件下,让教师在自由的条件下去观察儿童的自然反应,才能获取更准确、更可靠的资料。

2. 环境准备者

教师的第二个角色是环境准备者。教师除了要把教室布置得整洁干净、美观大方,还要把孩子所处的教室环境准备好。整个课堂应该是井然有序的,符合孩子所需要的心理特征。所有的教具都要整齐地摆放好,方便孩子拿到,而且要按照不同种类、不同的层次来摆放。老师要给孩子提供"有准备的环境"。"儿童之家"对"有准备的环境"提出如下要求。

（1）必须是井然有序的生活环境。

（2）能为幼儿提供美观、实用、激发热情的生活用品。

（3）能使孩子对环境的印象丰富起来。

（4）能提供教材或教具供幼儿进行感官训练,对幼儿的智力发育有促进作用。

（5）能使幼儿自主活动,表现自然,认识到自己的长处。

（6）能引导孩子形成某种行为规范。"有准备的环境"实际上是一个真实的生活环境,能满足孩子成长的需要,是一个充满自由、关爱、营养、快乐、便利的环境,能够为孩子提供促进身心发展所需的锻炼的环境。

3. 教具提供者

教师的第三个角色是教具的设计者和提供者。设计教具是一个极其复杂的过程,教师要具备科学家的献身精神。蒙台梭利在设计教具之初就是希望每天跟儿童在一起,观察他们的需要,不断改进和设计出更符合儿童发展需要的教具。

4. 活动引导者

蒙台梭利教师的第四个角色是活动的引导者,教师要从各个方面引导和帮助儿童,能为儿童工作的顺利开展保驾护航。

（1）引导选择适合的教具。当儿童初次进入教室时,还不知道如何去开展自主活动。这时教师要引导儿童选择与自己的能力水平相适应的自由作业。在开始阶段,教师要给予儿童必要的指导,然后儿童就可以根据自己的兴趣和需要选择合适的教具。

（2）必要的示范操作。如果儿童还不会使用,教师可以做一次示范性操作。示范性操作必须在儿童向教师寻求帮助时进行。

（3）做教具使用的解释者。当儿童对教具的结构及其相互联系有疑问时,教师还需要做教具的解释者,向儿童说明,并帮助儿童理解。教师的说明必须简单明了,准确而缓慢。为了更好地完成这个任务,每个蒙台梭利教师要对教具的操作方法、示范过程、每种练习的目的、每个工作流程完全熟悉,所以教师需要有教具操作的能力。

5. 纪律保持者

蒙台梭利教师的第五个角色是纪律的保持者。教师要随时关注教室的纪律和秩序,制止儿童某些不良的行为。

6. 学校、家庭、社区的沟通者

教师必须时常与儿童的父母联系,了解儿童的生长环境,以便更好地分析和研究儿童。教师也必须经常与社区沟通,因为社会环境也是影响儿童发展的重要因素。只有与家庭、社区共同努力,才能有利于儿童的健康成长。

（二）教师的资质

蒙台梭利教师事先要花大量的时间准备,之后教师的从容不迫和被动是成功的表现,表示任务圆满完成。教师走到这一步,可以理直气壮地说"无论我在哪里,课堂照常运转,这个集体完全是自主独立运行的"。但是要想顺利达到第二个阶段，对教师的资质要求还是很高的。首先，教师必须接受专门的训练，系统地接受多学科的基础知识教育。包括数学、生物学、心理学、教育学及其他自然科学等学科知识。其次，教师必须掌握基本的教育原则，完全熟悉操作各类教具。针对儿童提出的任何需要，教师都要能够迅速、准确地进行指导。一个蒙台梭利教师必须亲自、长时间地去练习教具操作，了解教具的难点、兴趣点，才能清楚地了解各种教具材料的特点。再次，教师要能够观察了解儿童，分析儿童的心理，掌握儿童发展的敏感期。教师除了要能够根据儿童的心理设计符合儿童需要的环境之外，还需要是一个细心的观察者，能根据儿童的各阶段发展特点适时地进行引导。如何启发儿童是一项有难度的工作，教师必须具备长期的经验积累与专门的训练，才能成为合格的儿童学习引领者。最后，更重要的是教师要具有良好的人格和个性品质。他们必须有耐心、爱心，是善于传授知识的人。蒙台梭利教师每天都跟儿童在一起，是儿童心灵的启发者和诱导者。他们必须有高度教育修养，能够用爱去关注儿童。虽然蒙台梭利要求教师时刻以儿童为中心，但教师并不是无所事事的人。

（三）教师的人格与品质培养

教育者的人格对儿童的成长有着巨大的影响效力，因此他应当具有健全的人格、健康的价值观念，应当具有善于反省自己并不断完善自身的意识，应当具有像儿童那样天天向上不断进步的生气。蒙台梭利说教育者必须系统地研究自我，使自己内心做好准备，这样他才能消除根深蒂固的缺陷。事实上，这些缺陷会妨碍他与儿童的关系。为了发现这些潜意识的缺点，教育者需要把自己隔离出来，以旁观者的角度看待自己。教师要想成为一个具有高尚人格和品格的人，蒙台梭利提出教师须进行"修身养性"。

（1）克服骄傲。尊重别人的意见，在教育活动中要时刻关注周围人的意见，克服自身的骄傲。关注儿童，尊重儿童，克服由年龄、经验或者其他原因导致的骄傲自满。

（2）减少贪欲。正直的环境很重要。教师要与正直的人交往，身处正直的生活环境，减少因环境诱惑而产生的贪欲。

（3）制止怒气。面对别人强烈的反应，要学会控制自己的怒气，冷静地处理各种冲突。

（4）克服偏见。要向儿童学习，吸收一切差异，无论种族、国家、习俗有多么不同，都要为了儿童的生活，为了儿童的工作消化一切。

（5）遵守社会善良习俗。清除内心的不良观念，消除不良行为。

（6）拒绝浪费。排除浪费这种成人所特有的行径，保持资源的可持续性。

（7）排除嫉妒。保持谦虚的态度，维持必要的尊严。

三、蒙台梭利的教学观

蒙台梭利主张教学应该是协助儿童自我发展的过程，所以教育应是解放和发现儿童的过程，蒙台梭利教育强调环境对儿童的作用，并给予儿童最大限度的尊重。

蒙台梭利认为教师的工作分为三个阶段：环境预备，引导儿童对环境产生兴趣，保护儿童的自我学习、不打扰儿童的专注力。在"儿童之家"，教师没有讲台，不是权威，也几乎不组织教学活动；儿童是活动的主人，他们可以自由地到处走动，去做他们感兴趣的事情。

有人认为这是一种教育的理想状态,也有人抨击这种教育方式是在夸夸其谈。蒙台梭利认为教学的最根本目的就是认识并解放儿童,而前提是创设一个适宜的环境和提供必要的帮助。蒙台梭利的培养目标是运用科学的方法,促进"人类潜能"的发展,使他们能够独立思考、独立判断和独立工作,并能适应现代科学技术和工业发展的时代潮流,保持社会文明和科学进步。

(一)发展和解放儿童

蒙台梭利指出,教育的目的是发现和解放儿童,她首先关心的"儿童的存在",强调教育要以儿童为中心,必须尊重儿童的人格,呵护儿童"纯洁而又十分敏感的心灵",给儿童"充分地按照发育的时期的心理需求去生活"的权利,为儿童提供所需要的帮助,实现儿童所蕴藏的巨大潜能。

儿童的发展不是成人强加的,而是在跟环境的接触中,利用周围的一切,运用自己的意志,发展自己的各种功能,从而塑造自己。蒙台梭利对儿童在成长发育中所表现出来的"内在生命力"充满了欣赏和崇敬,她认为,儿童给予成人理性、意志及其他适应世界的工具,成人的所有力量都来源于儿童的内在潜能。在她眼中,儿童自身所蕴含的心理潜能和内在规律性,就像大自然设定好的密码一样深深隐藏着,蕴含着生机勃勃的冲动,儿童正是依靠这种天赋的"生命力",经过超乎寻常的努力逐步建构起自己的内心世界。

纪律并不是压制儿童,而是一种建立在自由的基础之上的积极的状态。蒙台梭利指出,采取各种强制手段培养出来的纪律,完全是虚假的,不可能持久。真正的纪律是正面的、活动的、主动的、内在的、持久的。孩子们的学习不是为上学做准备,而是为以后的生活做准备,他们习得的纪律行为不应该仅仅局限在学校的环境里,而应该和社会的实际生活相适应。

(二)有准备的环境

教育者必须设置一种适合儿童内在需要和兴趣的,能够诱发儿童自发学习、自动练习的有准备的环境。蒙台梭利在她的"儿童之家"这样为儿童准备环境:院子里有一个带有花园的宽阔操场,这个操场与教室相通,孩子们可以随时进出。每个教室有一排专门设计的装教具的矮长柜橱,橱门容易打开,孩子们自己照管教具。橱顶放植物盆和鱼缸,或各种给孩子随意玩的玩具。教室里设有很多黑板,挂得很低,最小的孩子也能在上面写画。每块黑板一侧放有一个装粉笔的小盆和一块擦黑板的白布。黑板上端的壁上挂着一些精选的优美图画,如拉斐尔的《圣母子》,构图简单,但能自然地引起孩子们的兴趣。这个环境的设置必须包括各级各类系统的刺激物,即按照物体的属性分类设计的各种系列教具,这些教具分等级、分层次、成体系。儿童必须能够自由拿取、自由选择、自主工作,通过主动地与环境中的教具互动获得自我教育。这个环境应该包含心理环境和物质环境。

1. 自由的心理环境

心理环境应该蕴含着自由的氛围。儿童在环境中是自由的、安全的、自信的、被尊重的、不被打扰的。轻松温暖的氛围可以唤起儿童对美好的向往。

2. 丰富的物质环境

例如,丰富的材料、适宜的桌椅、美丽的装饰、有秩序的摆设、井井有条的教具。就像蒙台梭利说的那样:物质环境要有一些跟儿童身体相适应的物体,如明亮的教室,低矮而装饰着花朵的窗户,各种小家具、小桌子、小扶手椅,漂亮的窗帘,儿童可以方便打开的小橱柜,以及橱柜内儿童可以随意使用的各种物品。在一所罗马的"儿童之家"中,我们发现了一个体现儿童自发性的惊人案例,这所"儿童之家"的情况比较特殊,它是为了照料在地震中幸存下来的孤儿而建立的,人们在废墟周围发现了六十多个孩子,这些孩子没有一个知道自己的名字,自己来自什么地方,恐怖的地震使每个孩子都变得压抑、沉默、淡漠,他们无法吃饭和入睡,晚上,叫喊声和哭泣声常常从他们的房间传出,意大利的王后极为关心这些不幸的孩子,并提供了一个能让他们快乐起来的新家。在这里,准备了适合他们的明亮而具有吸引力的家具,以及带门的小橱柜,颜色鲜艳的小圆桌,稍稍高一点的长方形桌子、凳子和扶手椅;在房间的窗户上挂着彩色的窗帘;为他们准备的小刀子、小叉子、小尺子、小盘子、小餐巾,甚至小肥皂盒、小毛巾都和他们的小手相适合;墙上挂着一些画,四周摆着插满鲜花的花瓶。这个"儿童之家"被安排在一个修道院里,里面有敞亮的花园、宽宽的过道、美丽的金鱼池塘和花园。在这里,身穿灰色长袍、头戴庄严长巾的修女平静地走动。在这个修道院里,有许多修女来自贵族家庭,他们将记忆中上流社会的行为规范都教给这些求知欲旺盛的孩子。在这个案例中环境本身具有了某种特殊的意义和作用。一个适宜的环境,就像我们把鸟笼里的鸟放置到树枝上一样,能让儿童自由地发挥他们模仿和活动的本能。为儿童创设的这个环境应当是真实而自然的、自由的、有秩序的、美的,适合儿童的活动场所。在这个丰富的环境中对儿童发展起绝对作用的就是丰富而系统的蒙台梭利教具。所有的教具都要保持秩序,即便是极小的细节,一切都应在完美的状态,教具中的每一件都不可缺少,要让儿童觉得是新的、齐备的,而且可以随时使用。

(三) 尊重儿童

儿童是一个个生动而鲜活的拥有独立生存权与自由发展权的个体生命,我们只有把儿童作为独立的人来看待,尊重他们的个性,才能真正给他们自我发展的自由并让他们成为自己的主人。蒙台梭利的尊重是指尊重儿童良好的行为而不是包容他们的不良表现。

1. 尊重儿童的独立发展

蒙台梭利非常重视儿童独立发展的权利,强烈反对成人用不恰当的标准去妨碍和干涉儿童的行为,尤其强调成人不该运用惩罚的手段强迫儿童就范。"一个生命的内在个性与自我,是自然而然发展的,非我们可以左右,我们能做的只是为他们清扫生长过程中影响自我实现的障碍。"

2. 尊重儿童的发展步调

儿童的身心特点与成人有着本质的差异,因此教育工作者需要明确认识儿童受其年龄制约的特殊身心发展规律。蒙台梭利认为:"行动的节奏,并不是一个可以随意改变的旧观念。当别人的行为节奏与我们接近时,我们会感到高兴;但是当我们被迫去适应别人的节奏,就会感到痛苦。"

3. 保护儿童的尊严

蒙台梭利在对儿童的教育中发现,儿童的心里存在一种十分强烈的个人尊严感,这种尊严感是神圣不容侵犯的,否则会导致儿童产生心理畸变。教育者只有时刻尊重儿童的人格,保护儿童的自尊心,才能与儿童保持和谐的关系,儿童也才能真正亲近教育者,信任教育者。

(四)蒙台梭利教具

蒙台梭利教学法的三大要素是环境、教师和教具。教具是实现蒙台梭利教育理念的重要媒介。蒙台梭利教具并不是教师用来教学的工具,而是提供给儿童进行工作的工具,其真正目的是为儿童提供可以专心工作的对象和刺激,促使儿童集中注意力。儿童通过这些工作发展注意力,积累经验,进行自我教育从而获得成长。蒙台梭利为学前儿童设计和组织的教育和训练的内容、方式方法、教具教材及其使用以及整个过程的安排,都是经过严密考虑的。她说,我们必须把儿童的每一项学习都看作工作。工作可以促进儿童肌肉、肢体动作的协调,促进身心和谐发展。通过工作儿童自由选择作业、独立操作、聚精会神、克服困难,这些都可以为将来的发展奠定很好的基础。在工作中反复操作、纠正错误,这又可以锻炼儿童的意志力,提高自信心和探险精神,培养独立意识。康纳尔这样评价蒙台梭利的工作:通过练习完成手头分级推进的工作,儿童完善自己,磨炼自己。随着能力的增长,儿童满足其愿望的自由度也增加了。蒙台梭利教具包含日常生活教具、感官教具、数学教具、语言教具、科学文化教具等。教具之所以在蒙台梭利教学法中这么重要是因为各个领域的教具的设计与制作均建立在尊重儿童成长的敏感期的基础上。因此在敏感期内,通过教具,儿童某些方面就会获得刺激,进而得到发展。蒙台梭利教具具有重要的作用,如提高感知觉的敏锐性、发展与教具有关的各种知识及有关教具的操作技能;发展智能与理性思维;促进社会性发展;养成规则意识;形成人格;形成良好的行为和学习习惯;促进身心全面发展等。

各类蒙台梭利教具都有若干组成部分,所有部件除了某一维度有量的差异外,其余性质全都一样。例如重量板所有部件均同质同形,只是每一块重量有所差异。除此之外,还具有一些其他特点。

(1)感觉孤立。孤立化是指每一个教具的设计在教育目的的选择上一种一个,即教具只包含事物的某一属性,孤立其他属性。例如感受长短的红棒,只有长和短这一唯一属性。儿童通过操作长棒,辨别哪根长、哪根短。只突出单一属性的目的是让儿童彻底弄明白一个问题,把注意力集中在一个关键概念上,避免不必要的精力分散。蒙台梭利认为感觉教育的一个重要的技术就是感觉隔离,训练听觉应该在安静且黑暗的环境中进行,这能取得更好的效果。

(2)错误控制。蒙台梭利教具中都有错误控制功能,儿童可以在自我操作过程中判断行为的正确与否及时进行自我反馈。这有助于儿童进行自我矫正,自我教育。例如,在倒水工作中,每个类型的杯子上都有一条线,当儿童倒水时,水达到线就停止。这条线可以很好地帮助儿童控制自己倒水的速度和动作,从而使儿童的注意力、控制能力、手眼协调能力以及判断力获得综合的发展。儿童在操作过程中能根据教具的"暗示",进行自我教育，一旦使用不当，就要重来，直到正确为止。

（3）秩序性或科学性。蒙台梭利教具本身具有明确的结构性和逻辑性，在操作教具的方法和步骤上也强调秩序性，儿童须按照操作的步骤和方法来进行工作。

（4）符合审美要求。蒙台梭利教具外观设计富有美感。儿童在教具操作过程中不仅可以发展能力，还能获得美感，提升艺术的修养。

（5）儿童化和趣味性。教具的设计从大小、重量、规格等方面充分考虑儿童的需要。在操作的难易程度上坚持由易到难、由简到繁、由具体到抽象的逻辑顺序，以便适应不同能力水平的儿童选择操作。

四、蒙台梭利教学法的原则与保障

（一）纪律与自由

蒙台梭利教育的首要目的是以儿童为中心，以培养健全的儿童为目的，促进其生命和人格的发展。"激发生命，让生命自由发展，这是教育者的首要任务"，所以，蒙台梭利教学法以自由为基本原则，同时在自由的基础上，进行纪律教育，这也是蒙台梭利一直坚持的"自律"。

1. 自由

蒙台梭利认为，要进行合乎科学的教育，其基本原则必须是让孩子获得自由，这种自由会让孩子自然地表现自己的本性。对孩子而言，自由就是不接受任何人的约束，不接受权势的任何命令或强迫，自己想干什么就可以自由地行动起来。

蒙台梭利的自由具体表现在以下六个方面：
（1）儿童行动的自由；
（2）儿童活动空间的自由；
（3）儿童在活动室内能自由活动；
（4）儿童有心理的自由；
（5）孩子有自由支配的权利；
（6）儿童的自由有一定的限制。

蒙台梭利认为，让孩子能够自由活动，但并不代表孩子完全地随心所欲。教育一定要让孩子培养一种基于自由的自觉纪律性。当儿童按自己的意愿选择自己喜欢的工作时，他就非常专心。从这个意义上说，提倡让儿童自由，可以引发他的专心和自控能力。

2. 纪律

一般来说，纪律有三种基本含义：一是指惩罚；二是指通过施加外来约束达到纠正行为目的的手段；三是指对自身行为起作用的内在约束力。

蒙台梭利受到卢梭和福禄贝尔的自由教育和自然教育理论的影响，认为纪律是一种积极的状态，是建立在自由的基础上的。认为教育的首要任务是激发儿童的"内在潜力"，使之获得自由的展现和自然发展，其目的是培养"独立、自主"精神和善于工作的人。蒙氏教室是需要纪律的，而且儿童在教室中也是守纪律的。

纪律不可能通过一次的说教就能达到，真正的纪律对儿童来说必须是主动的，也就是自律的。培养自律必须具有一套完整的行为做准备,在蒙台梭利教育中的自律是以间接预备的方式完成的,就是通过工作的操作达到自律。

蒙台梭利认为,孩子们在活动室里活动是有目的的,大家都是各自忙各自的"工作",安静地有序地摆放物品,不会凌乱。因为孩子需要必要的安静和秩序感,孩子心知肚明禁止的行为有哪些。孩子在这样的环境中逐渐长大,自然会注意自己的言语和行为,长此以往,就可以养成良好的习惯。于是,在蒙台梭利的活动室里,孩子们可以自由地活动,可以互换座位,甚至连桌椅的位置都可以按照他们的意愿摆放。她认为,如果不给孩子活动的自由,他们就不能展示自己的个性。要进行符合幼儿的科学的教育,其基本原则必须是让孩子得到天性自然流露的自由。

蒙台梭利的教师进行活动时,物品的摆放是有序的,物品杂乱,儿童就会发自内心地觉得不安宁。在蒙氏教室里,儿童都在自己的工作毯上工作,儿童学会控制自己在工作毯上工作既不会干扰别人,还能学习自律。蒙台梭利提倡儿童自己选择工作任务,正如蒙台梭利所说,一个有纪律的人应当是主动的,在需要遵守规则时能自己控制自己,而不是屈服于别人。

"儿童之家"一个班级有五十多个儿童,但是纪律要比普通小学班级的纪律好很多。所有参观过蒙台梭利教室的人员都感到很吃惊,每个儿童都在专心地进行自己的工作。有的在做感觉练习,有的在做数学练习,有的在做日常解扣子的工作,还有的在扫尘。他们尽可能轻地搬动教具,有时也抑制不住激动,压低声音地说话,对老师展示工作的成果。但他们不互相干扰,保持安静,完全沉浸在自己的工作中,孩子们的纪律保持得令人惊讶。蒙台梭利认为纪律必须通过自由获得。纪律是建立在自由活动的基础上的,并在自由活动中表现出来。同时纪律又是自由的保障,良好的纪律会带来更大的自由。蒙台梭利认为,儿童的自由应在维护集体利益范围之内,而其表现就是具有良好的教养。可见儿童的自由只有在纪律范围之内,才能保障自由活动顺利进行。但是,这种纪律并不是靠外在的命令、说教或者惩戒等我们强调的外部控制的纪律措施得到的。外部控制的纪律始终把儿童放在群体组织中考虑,对纪律的维护更强调群体的利益。外部控制的纪律要求不管儿童愿意不愿意,必须在纪律规定的范围内活动,否则就会受到惩罚。蒙台梭利的纪律更倾向于内部控制的纪律,内部控制的纪律体现的是个体的意识和对自身能力的有效控制,是人在完善自我的过程中对内部秩序的遵从。良好的纪律是通过学校里进行的特别的练习和工作得到的。儿童的工作在维持纪律过程中具有重要的作用。从生理角度来看,工作有助于儿童肌肉的协调和控制,而这意味着儿童支配自己行动的能力在加强。儿童早期最缺乏的似乎就是这种能力。一旦这种能力建立起来,那么儿童就走上了"纪律之路"。再者,从心理角度分析,当儿童非常热衷于某项工作时,他们充满激情,高度集中注意力,表现出细心、毅力、持续性、自动性和创造精神,而这正是纪律的充分体现。在工作中儿童自然就"学会谨慎,学会自觉,学会指挥身体的行动";儿童通过工作这种自由选择的个体活动方式,培养独立性。儿童学会依靠自己,学会尊重他人,"儿童之间没有妒忌,没有争吵",从而形成"绝对平静"的气氛,良好的秩序由此而来。通过工作,儿童学会自我约束,从而为意志力的形成打下基础。活动刺激儿童内部心理的发展,内部心理的发展又通过活动表现出来,两种因素相互促进,共同发展。工作使儿童心灵得到发展,心灵的发展又促进了工作的进步,工作的进步又使儿童获得快乐。可见,蒙台梭利所主张的是通过工作使儿童从自由到自觉守序和服从,合理组织儿童工作和自由原则代替了教师的批评和说教。我们把一个自主的、遵守某种生活准则、能够控制自己行为的人称为有纪律的人,纪律不是靠奖励和惩罚实现的,而是建立在工作和自由的基础上的。此外,良好的纪律还依靠儿童的意志力。当儿童完成具有一定目标的活动时,他们耐心地重复练习,纠正错误,这些都是在形成他们的意志力。教师还可以通过一系列的活动来培养他们的意志力。肃静课或静默练习就是培养儿童意志力的良好途径。肃静课就是让儿童停止活动,保持很长时间的肃静。然后集中注意力聆听从远处传来的低声呼喊自己名字的声音。当听到名字的时候,儿童需要严格的自制力,不能大声回答,要不碰撞桌椅,用脚尖行走到教师跟前。这个过程的重复进行,使得儿童不断体验自我控制能力和行动抑制力,最终促进意志力的发展。静默练习可以协助儿童完全控制自己的活动,使儿童成为自己的主人。静默练习活动可以在每天课程快要结束的时候做。经过静默练习,儿童会获得许多兴奋的体验,他们会发现自己可以控制自己,要动的时候能动,要静的时候能够静下来。

(二)奖惩与环境

1. 奖惩

所谓奖惩,是指引导和规范他人的行为朝着符合要求的方向发展,通过一系列正反刺激的作用,简单来说是奖励和惩罚。总体而言,二者的作用是互为补充、互相影响的。

蒙台梭利认为,奖惩是一种压抑,奖惩的方法只能鼓励儿童从事那种不自然的、被迫的工作。儿童教育从本质上来说是一种自我教育,幼儿完全能够通过自己的自发活动学习重要的概念和知识,成人没有必要强迫儿童学习,或使用惩罚与奖励。给儿童适合其发展水平的材料,就能使儿童从自己行为中得到及时反馈,儿童就能轻松愉快地学到许多东西。

蒙台梭利认为对儿童的奖惩是不必要的,反而会影响儿童正确价值观的形成,这是源于她多年的经验与观察。

2. 环境

蒙台梭利对环境非常重视,她说:"在我们学校,环境教育儿童。"并认为环境是教育的重要内容,许多方面的教育方法也是环境所决定的。所谓"有准备的环境",就是真正符合孩子需求的环境;是一个培养幼儿身心发展所需的活动练习的场所;是一个充满爱、营养、快乐与便利的环境。有准备的环境是准备好秩序和智慧等精神食粮的环境,让精神处于胚胎状态的孩子顺利成长。如果没有理想的环境,孩子就不可能认识到自己可以成长,从而永远不可能脱离大人,成为独立的人。于是,蒙台梭利以孩子6岁前的敏感期和吸收性心智为出发点,为孩子创设了一个以自己为生命本位的环境,帮助孩子发展自主独立的能力。

这个环境是有准备的环境。其意义并不仅只是环境,而是儿童不久将要面临未来世界及一切文化的方法与手段。

蒙台梭利环境创设原则如下。

(1)活动空间要有"家"的感觉。所谓的"家"是指让儿童感受到家的温暖与安全的环境。这个环境像家一样舒适、温暖,有温暖的色彩、舒适的桌椅、丰富的玩具供儿童自由选择,还有和蔼的老师。

(2)环境设计要以"儿童"为中心。蒙氏教室的教具投放要适合儿童智力发展的阶段,所有的硬件设备要以儿童的高度为标准,所有教具、玩具的设计都要以儿童的身心发展水平为导向。

(3)环境的设计要安全、美观、有序。要想吸引儿童的注意力,环境的设计与创设不仅要有童趣、符合儿童的智力发展水平,还要美观有序、具有一定的安全性。蒙氏教室的设计追求规范的整体的布局,要求教师在布置教室的时候做到合理划分区域、按需摆放桌椅,注重简洁实用的细节设计。

蒙氏教室的"蒙氏线"是幼儿"工作"集合或进行全体活动的地点,幼儿需要席地而坐聆听教师讲解时,"蒙氏线"就成为儿童围坐在教师身边的依据,避免了混乱无序。

(4)环境设计符合儿童的生理发育特点。3~6岁的儿童,除了喜欢趴在地上,也喜欢坐在地上,两腿盘起或伸出一条腿到旁边,让支撑身体的范围更宽广,坐卧能持久。所以蒙氏教室都会备有工作毯,让儿童在工作毯上工作。这样儿童就能够做到轻松舒畅地学习工作,如图1-3所示。

图1-3 蒙氏教室

蒙氏教室的自然角经常会摆放一些花草、小鱼之类的东西,教师要善于利用这样的机会,让儿童在环境中得到教育。教师可以组织儿童分成小组轮流对植物、小鱼予以照顾,结果是儿童不用教师提醒也会每天主动去自然角观察。

第二章　蒙台梭利教育基础

教育质量的高低,首先体现在立德树人上,教育是造就高素质劳动者、提高我国社会生产力的根本大计。党的二十大报告中强调,"培养什么人、怎样培养人、为谁培养人是教育的根本问题"。所有的教育工作者应全面贯彻党的教育方针,培养德智体美劳全面发展的党的接班人。而幼儿教育是孩子的启蒙教育,对孩子一生的成长至关重要,孩子应该接受综合的高质量培养,帮助他们开启正确、健康的人生道路,使其一步一步构建完善的人格。爱迪生曾经说:"蒙氏教育将照亮孩子一生。"在蒙氏教育里,以儿童为中心,反对以成人为本位的教学观点,视儿童为有别于成人的独立个体,创建以儿童为主体的学习生活环境,提供丰富的教具,老师则扮演导师的角色,对孩子的心灵世界有深刻的认识与了解,为孩子提供适时、适性的协助与指导。

第一节　蒙台梭利教育之儿童

教学目标

1. 掌握儿童秩序感、吸收性心智、敏感期、儿童工作等概念,熟悉儿童发展的不同阶段。
2. 理解儿童不同阶段的意义和重要性。

儿童观是成人对儿童的看法及态度的总和,它涉及儿童的能力与特点、地位与权利、儿童期的意义、教育同儿童发展之间的关系等诸多问题,是形成教育理论的基础,是开展教育实践的前提。蒙台梭利的儿童观不仅是其教育体系的重要组成部分,更是其教育思想与教育实践的基础与依据。蒙台梭利的儿童观很大程度上是在接受了卢梭、裴斯泰洛齐、福禄贝尔的自然教育和自由教育观点的基础上,根据自己的实际观察和实验研究及生物学、遗传学、生理学、心理学和生命哲学的理论加以阐述和发挥的。下面分别从儿童的秩序感、敏感期、有吸收性的心智、儿童的工作等方面来探讨蒙台梭利眼中的儿童到底是什么样的。

一、儿童的秩序感

（一）外部秩序感

蒙台梭利认为外部秩序是指各种物品和环境之间的关系,即每个物品在环境中所处的位置关系。孩子对外界秩序的敏感可以追溯到他出生的第一个月,当孩子看到某种事物摆在合适的位置时,就会产生兴奋和欣喜的情绪;如果他感受到周围环境的变化和混乱,就会烦躁甚至产生心理紊乱。

例如,一个6个月大的小女孩待在一间屋子里,一名女子走了进来,将一把雨伞放在桌上,孩子在注视了雨伞一会儿后,随即失声痛哭。女子以为她要雨伞,笑眯眯地把雨伞送到跟前,小姑娘却把她推开,哭得更厉害。就在女子和小女孩闹得不可开交的时候,小女孩的妈妈拿走了女子的雨伞,放到了另一间屋子里,小女孩一下子就安静下来。之所以让她不安,是因为女子在桌上撑起了一把雨伞,这使原本属于小女孩的排放的记忆被严重打乱了。

(二)内部秩序感

关于内部秩序感,蒙台梭利认为大自然给孩子提供了一种特别的敏感度,让孩子感受到身体的各种姿势和位置。这种敏感是奠定意识形成基础的一种洞察力和本能。这种敏感是会形成心理发展基本原理的一种自然能量。所以,提供人类发展可能性和意识体验的,正是大自然。如果孩子所处的环境阻碍了这种敏感度的正常发育,我们就会看到反面的例子来证明这种敏感度的存在。

内部秩序感在于儿童自身有一种特殊敏感性,能够意识到身体的不同部位及其位置。之前照顾孩子的保姆回家一段时间,另一个保姆被找来给孩子洗澡。每次洗澡孩子总是变得焦躁不安、哭泣。保姆非常沮丧,不知道什么原因。直到原来的保姆回来才发现,原来第一个保姆给小孩洗澡时,是右手靠近他的头,左手靠近他的脚;第二个保姆恰好和她相反。因此当第二个保姆洗澡时,孩子感受到身体部位的秩序被打乱,秩序的敏感性发展受到了阻碍,因此出现了难以洗澡的状况。儿童如果能形成良好的秩序感,那么他终生都将是一个规范、有序和温和的人。

(三)儿童秩序感的培养

秩序感是指儿童出生时内在的一种基本需求,婴幼儿透过这个需求去认识自我,以及自我与环境之间的关系。秩序感是心灵的一种需要,当秩序感产生、人得到满足时,会更容易得到发展。反之,就可能成为发展的障碍。

儿童对秩序的敏感在出生后第一个月就已经表现出来。当孩子看到一个东西放在"恰当"的位置时,他们就会感到兴奋和激动。例如,有一位保姆注意到,一个5个月大的儿童总是对着一面墙壁微笑。这面墙壁光秃秃,相比较满是花朵的花园来说真的称不上很美,但是儿童对这面墙产生了很大的兴趣。儿童看到那面灰色的、大理石建构的古代墙壁时,就会很高兴、很感兴趣。于是这位保姆每天都会把婴儿车停在这面墙前面,这给儿童带来了极大的快乐。

这些例子都说明,儿童的秩序感十分强烈。当一件物品放在错的位置时,儿童会最早发现,并把它放回原处。2岁左右的儿童会发现这些细微的不协调,而成人却不会注意到这些。儿童对秩序十分敏感,使得他们在看到某些物品处于无序时,就像受到某种刺激一样。蒙台梭利认为,秩序感是一种心灵的需要,当它得到满足时,儿童会为此感到快乐。

以上案例，就是孩子外在的搅乱的一种表现。蒙台梭利主张成人要给孩子提供一个清晰有序的环境，就必须把各种工作材料分门别类地放在合适的位置，这样才能满足孩子工作时对秩序的追求，促使孩子的秩序感得到进一步提升。

二、儿童的敏感期

敏感期是指生物对环境中某一事物的感知极其敏锐，在其发展过程中产生一种不可抗拒的冲动，相应器官的功能也会随之快速发展的时期。荷兰生物学家德佛里斯在对动物进行研究时，首先发现了敏感期。蒙台梭利认为，儿童在发育过程中对特殊环境刺激也有和动物一样的敏感期，敏感期的概念引向对儿童的教育，并在儿童教育中加以应用。

（一）敏感期的含义

敏感期是幼儿在发展的这一特定时期表现出对某一事物或活动的热情和兴趣，并能对该事物进行有效的认识和掌握，而上述情况在这一时期过后就会消失，不再出现，这是一种心理倾向。蒙台梭利曾以蝴蝶幼虫为例说明其敏感期，她说有人做过实验，某种蝴蝶刚孵化出来的幼虫最初只吃小枝头的嫩芽，原因不是它天生知道自己所需的嫩芽位于小枝头，而是因为它在最初的日子里对光的感受性很强，而这种对光的强烈感受性自然地引导幼虫以独特的方式爬到光亮的地方，最后到达小枝头，从而可以品尝到嫩绿的幼芽。当幼虫长大，对光的感受性不用再择食幼芽的情况下，这种对光的敏感也荡然无存，即蝴蝶幼虫在结束对光敏感期后，能吃到较硬的叶子。

孩子的敏感期和蝴蝶发育中的幼小生命一样，这个时期孩子的身体里蕴藏着蓬勃的冲动，所以才会有一些独特的行为倾向。蒙台梭利说："正是这种敏感，让孩子带着一种特有的强烈冲动去接触外界。"在敏感期这段时间里，他们对任何事情都很容易学会，精力旺盛，对任何事情都充满激情。

（二）儿童心理发展的敏感期

蒙台梭利对敏感期进行了认真的研究，并指出了一些心理现象发展的敏感期。

1. 语言敏感期（0～6 岁）

婴儿开始了他的语言敏感期，他关注成人说话的口型，发出咿咿呀呀的声音。学语言对成人是一项难度很大的大工程。正是由于孩子具有天生赋予的语言敏感性，孩子才能轻而易举地学会自己的母语。所以，如果孩子到了 2 岁左右，还迟迟不开口，要带他去医院检查一下，是否先天有什么问题。

2. 秩序敏感期（2～4 岁）

儿童需要有秩序的环境，帮助他认识事物，熟悉环境。他熟悉的环境一旦消失，就会让他不知所措。蒙台梭利在观察中发现孩子会因为无法适应环境而恐惧、哭泣，甚至发脾气，所以确定"对秩序的要求"是孩子极其明显的敏感度。

对顺序性、生活习惯、一切事物的要求，往往会表现出孩子对秩序的敏感。蒙台梭利认为，如果成年人不能提供有序的环境，那么孩子就"没有建立对各种关系感知的基础"。当孩子逐渐从环境中建立起内在的秩序，智力就这样慢慢地被建设起来了。

3. 感官敏感期（0～6 岁）

孩子从出生开始熟悉环境和了解事物都是靠听觉、视觉、味觉、触觉等感受。3 岁前，孩子通过"有吸收性的心智"的潜意识对周围事物进行吸收；3～6 岁的儿童通过感觉对环境中的事物进行判断比较。因此，蒙台梭利设计了听觉筒、触觉板等多种感官教具来刺激孩子的感官，引导孩子自己产生智慧。

4. 对细微事物感兴趣的敏感期（1.5～4 岁）

忙碌的大人往往忽略了周围环境中的细微之处，但孩子往往能捕捉到其中的奥妙。这说明孩子和大人不一样，孩子的智力视野不一样。蒙台梭利提出，孩子出生半年开始对一些颜色醒目的物体关注，开始对微小的物体感兴趣，而这些物体并不被大人所注意。

5. 动作敏感期（0～6 岁）

2 岁的孩子已经会走路了，是最活泼好动的时期，大人要让孩子充分锻炼身体，使肢体动作正确得到训练，同时帮助左右脑发育。除了大块肌肉的训练外，蒙台梭利强调的是小块肌肉的锻炼，也就是手眼配合的教育。这样的练习不仅可以让孩子养成良好的动作习惯，对孩子的智力发育也有很好的促进作用。

6. 社会规范敏感期（2.5～6 岁）

两岁半的孩子，在交友群体活动上，逐渐脱离自我，明确了方向。这个时候，大人要帮助孩子建立日常礼仪的明确生活规范，这样将来才能遵守社会规范，生活才能自律。

7. 阅读敏感期（4.5～5.5 岁）

虽然儿童的书写和阅读能力发展得比较晚，但如果孩子在动作敏感期，如语言、感觉、肢体等方面得到了充分的发展，孩子的书写和阅读能力也就水到渠成地得到发展。

8. 文化敏感期（6～9 岁）

蒙台梭利指出，3 岁孩子萌发了对文化学习的兴趣。到了 6～9 岁，对事物的探究又有了强烈的要求，所以在这段时间"孩子的心智就像准备好接受大量文化播种的肥沃田地一样"。成人可以在这个时候，以本土文化为基础，扩展到对广阔世界的认知，给孩子提供丰富的文化信息。

（三）敏感期的意义

蒙台梭利认为，孩子在成长过程中，敏感期的出现是一个关键的时机，成人要跟随孩子的成长，了解孩子什么时候出现这个关键的时机，进一步把握这个"黄金期"，顺着敏感期的指引，适时地把孩子的潜能发挥出来。如果错过了敏感期这个宝贵的时间，再想办法补救，就来不及了，孩子可能会在之后变得孤立和笨手笨脚，克服困难的能力就会丧失。蒙台梭利还讨论了敏感期的暂时性，认为它只持续一段短暂的时间，只要消失就永远不可能重现，是一种与成长密切相关的现象，并与一定的年龄相适应。蒙台梭利因此认为，如果敏感期不能得到有效的利用，而虚度了关键期这段时间，在不成熟的状态下，宝贵的敏感期就会稍纵即逝，造成儿童发育的各种障碍，使之不能达到完全发育。同时，蒙台梭利指出，能够充分利用敏感期的情况并不多见，绝大多数孩子在没有感知的情况下，敏感期没有得到充分利用，失去了许多充实自己的机会，成长为成人后就难以改变。这是人类发展的一大憾事，也是人类发展的一大损失。蒙台梭利用织毛线袜这样一个浅显生动的例子对此进行了形象的说明。她说:"妈妈在灶台边打毛线袜。因年事已高,目光涣散,常不察而脱针。等到织好以后,袜子上的针管有很多地方都脱掉了,这样袜子就没有耐穿的能力了。同样道理,孩子在发育过程中错过了某一部分的敏感期,却依然能够成长为一个大人。但是,如果不能把自己所拥有的能力发挥出来,原本应该得到的丰满的形象就会变成一个可望而不可即的幻想。"在蒙台梭利看来,"漏一针"或"漏几针"的现象在相当多的成年人中都存在。他们也许行动笨拙,色彩感不足,对艺术不了解,计算迟缓,发音嘶哑,书写杂乱,缺乏决断力等,在成年人时期任凭怎样去努力也不可能达到理想的高度,因为此时他们已经错过了敏感期。蒙台梭利表示,如果这些人能够在自己的幼年时期就处于一个准备完善的环境中,那么这种情况就不会出现,他们就能够得到完善的发展。

蒙台梭利关于敏感期的论述,以及对不同心理现象敏感期的阐述,在当时的意义是非常重大的。既然孩子的心理发育存在敏感期,教育者就应该在不同的敏感期给孩子提供一个适合他敏感期活动的环境,最大限度地促进孩子敏感能力的发育,决不能让孩子敏感能力的发育与时机失之交臂。蒙台梭利关于敏感期的论述在今天依然意义非凡,尽管我们今天并不认为蒙台梭利关于敏感期是儿童本能表现,但是我们依然强调儿童的心理发展是有敏感期的,强调应该对儿童敏感期能力的发展起到促进作用。

三、有吸收性的心智

孩子有一个人学习的能力,他有一颗心,可以把各种知识都吸收进去。我们的一切,都是在儿童时期最初的三年中形成的。

"心智有吸收力"是什么?蒙台梭利认为,孩子天生就有一种心性是天赋禀性,可以自然地吸收外界的各种有益于自身成长的能量。她强调,孩子的心理发育是天赋能力的自然流露,也就是心智的吸收作用。由于它成为批判当时成人中心的教育观,所以蒙台梭利注重自身发展的教育观在当时具有十分重要的意义。

蒙台梭利认为,"心智有吸收力"是孩子吸收父母、家庭、老师等社会关系在社会环境中的有效成分,形成自己心理的原动力。孩子在人生的最初几年,正是靠着这种有吸收性的心智,获得自己最初对世界的认知,建立起自己独特的人格和行为模式。蒙台梭利随后以语言的获得和发展为例来说明这个问题。她认为,在潜在能力的驱动和支配下,孩子的吸收性心智是具有明确的选择性,他们能够在周围成千上万的声音中,只选择人的语言进行模仿,并且能够在不知不觉中,包括复杂的文法、句法和最细微的发音差异中,吸收自己的本土语言。而且,她认为,语言的获得只有 3 岁前的孩子才能轻而易举地完成,即使生活环境中有很多种语言,这就是童年期特有的心智的吸收性。相反,成人因为没有吸收性的心智,很难完全掌握一门外语,不管他们学得多么用功。

蒙台梭利认为,成人对儿童的自主学习总是视而不见,甚至会误解儿童的一些学习行为,认为这是无所事事,或者是在浪费时间,并加以干扰。比如,一个儿童突然对桌子感兴趣,他会在一段时间内细致地观察各种各样的桌子,并用自己的肢体与之接触。这样,他的大脑中就形成了他关于桌子的个人知识。也就是说,"桌子"被这个儿童完整地吸收了,变成了他自己的精神内涵。然而,在这个儿童研究桌子的过程中,大人会武断地制止儿童的这种"无聊举动",把桌子从儿童的视线中移走,反而拿来数学题教育儿童。这样,儿童的内在世界就被扰乱了。成人否认儿童的自主学习行为，殊不知，正是他们的干预，严重阻碍了儿童天性的发展。

我们今天教育改革的重要课题之一，就是重视孩子的自我发展，这也是我们今天教育面临的挑战。虽然我们不能完全认同蒙台梭利的观点，即儿童的心理发育是天赋能力的自然表现，这一观点在遗传和环境问题上完全倒向遗传决定论，但在重视儿童的自我发育这一观点上，却受到蒙台梭利不少启发。我们的幼儿园教育自 20 世纪 50 年代学习苏联以来，形成了以教师直接灌输为主的教学模式，教师是幼儿一切活动的领导者的教育传统，长期忽视了幼儿的需要和发展，与当今时代的社会要求格格不入。蒙台梭利的这种重视孩子自我发展的看法，在今天看来还是很有现实意义的。

四、儿童的工作

（一）儿童工作的意义

蒙台梭利认为，在孩子的心理发育过程中，活动具有极其重要的意义。但她认为，孩子们最主要的活动并不是福禄贝尔及其追随者所推崇的游戏，游戏假想会把孩子引向不切实际的幻想，对孩子认真、准确、求实的责任心以及严守纪律的精神和行为习惯的养成是不可能的。在她看来，只有工作才是孩子们最喜欢从事的活动，培养孩子们多方面的能力，促进孩子们在心理方面的全面发展，也是工作所必需的。

蒙台梭利为什么不像前人那样，把促进儿童发展的活动称为"劳动"而叫"游戏"呢？这主要是因为，她在"儿童之家"目睹了孩子们不喜欢现成的普通玩具，热衷于自己设计的情形，同时也真切地感受到孩子们对"工作"这个词的喜欢，而对"游戏"这个词的不喜欢。正是从这个意义上，蒙台梭利把孩子的"工作"和"游戏"区分开来，她把孩子们使用教具的活动称为"工作"，而把孩子们每天玩的东西和用普通玩具玩的东西称为"游戏"。由此可见，蒙台梭利所谓的"工作"，既不是过去大人们所谓的游戏，也不是大人们从事的工作，而是孩子们在里面自发挑选、操作教具、获得身心发展的一种活动。在蒙台梭利看来，通过"工作"而非"游戏"，必须完成孩子身心的发育。孩子通过双手的工作，以及智力和意识的工具——双手来构建自己。即工作对孩子的个性形成和智力、意志的发展起到了促进作用。孩子们正在不同于成人的独特工作中，在心理的各个方面都得到了发展，并走上了一条正常化的发展之路。蒙台梭利认为，孩子们为了沟通人与环境的关系，开发人类的自然禀赋，使自己得到良好的发展，从无意识的心智的劳动，再到有意识的活动性、创造性和构造性的劳动。

（二）儿童工作与成人工作的区别

蒙台梭利认为，儿童和成人的工作不同集中表现在儿童是"为工作而生活"，成人是"为生活而工作"。具体地说，儿童的劳动是遵循自然法则的内在本能驱使，而大人的劳动则必须遵循以最小的劳动获得最大报酬的劳动原则。儿童的工作以自我"完美"为内在的工作目标，没有外在的目标，而大人的目标，以群体的共同目标或以外在的诱因为目标；儿童的劳动是创造性、活动性、构成性的劳动，而大人的劳动是机械化的；儿童可以自己独立完成工作,而且是无人可以代替的,大人的工作往往是需要分工合作的;儿童的工作是适应环境为媒介充实自己的过程,而成人的工作则是通过自己的努力,运化自己的聪明才智,改造环境的过程;儿童按照自己的方式和程度去做,大人们则不能拖拖拉拉,讲求效率,好胜心强。

(三)儿童工作应遵循的法则

蒙台梭利认为,儿童的工作遵循着自然的法则,她通过对儿童的观察和研究发现了儿童所遵循的一些自然法则,这些法则包括以下几个。

1. 秩序法则

蒙台梭利认为,秩序是各种物品与环境之间的关系,即每个物品在环境中应该处于何种位置。幼儿在工作中有一种爱好,有一种对秩序的追求,对环境中工作材料的位置了然于胸,而与秩序有关的工作,则是孩子们自发性地感兴趣的劳动。3~4岁的孩子在使用完工作材料后,会主动将其放回原位,而当孩子发现工作材料不在原位时,又会主动将其放回原位。如果能满足这些追求工作中的秩序,孩子就会觉得快乐,孩子各方面的人格、心理能力发展就会顺畅;反过来说,孩子的心理发育会遇到阻碍,甚至形成心理畸形。

2. 独立法则

蒙台梭利认为,所谓独立就是一个人做一件事,不需要别人的帮助。在她看来,孩子从出生起就追求独立,适应了一系列与子宫不同的环境,让身心逐渐发育,并通过吸收、模仿、练习获得更独立的能力。因为独立是自由的先决条件,孩子在准备以后自由的同时,也获得了越来越多的独立性。孩子是通过自己的工作来寻求独立的,在孩子不断追求独立的过程中,他们依然遵循着独立的法则,他们要求独立工作,期望通过自己的双手来达成自己的独立,而对于大人给予的过多帮助,孩子则是排斥的。所以蒙台梭利主张要帮助孩子走向独立的道路,不能给予孩子过多的不必要的帮助。

3. 自由法则

蒙台梭利视自由为人类与生俱来的权利,在给孩子以生命的同时,也理所当然地给孩子以自由。所以她认为,孩子们在工作对工作材料的选择会随机应变,对自己喜欢的工作也会随机应变。蒙台梭利曾经举过一个例子:有一天,"儿童之家"的老师到学校晚了一些,结果到了学校之后,发现很多孩子已经把他们想要的教具拿出来工作了。她认为,这标志着孩子们可以随心所欲地进行选择。蒙台梭利认为,为了让孩子更专心地工作,孩子可以自由地选择工作,这样可以增强他们的自信心,同时也能形成他们的自我纪律和自控力。所以,蒙台梭利主张尊重孩子的自由,自由选择教具工作。

4. 专心法则

因为是自由选择工作,孩子必然对工作产生强烈的兴趣,这种对工作强烈的兴趣会引导他们集中精力去工作。蒙台梭利曾经观察过一个3岁小女孩的专注程度,3岁的小女孩在操作工作材料的时候,蒙台梭利在小女孩身边让别的小朋友唱歌,丝毫不干涉小女孩的工作。后来,蒙台梭利把她和坐的椅子一起搬到桌子上,被抬起来时,她的手还抓着工作材料,放在膝盖上,等到她被放到桌子上时,她才重新集中精神,继续干活。蒙台梭利认为,有了专心致志的能力之后,孩子们才会不停地重复地练习工作材料。

5. 重复练习法则

通过对孩子的观察和研究,蒙台梭利发现孩子在各种能力发展的敏感期内,对能满足其内心需求的工作,他们可以专心致志地反复进行,直到完成其内在需求的工作循环。据蒙台梭利观察,上述那个 3 岁的女孩在操作圆柱体插座时,尽管周围有许多干扰,但仍然一遍又一遍地重复放进和取出的动作,一直做了 42 遍才停下来,仿佛刚从梦中醒来而高兴得微笑。

(四)成人应该为儿童工作提供的帮助

1. 避免干扰儿童的工作

蒙台梭利不止一次地提出,儿童的工作必须由他自己独立完成,成人的贸然干涉会阻碍孩子与环境的接触,扰乱儿童正常工作。成人总是以保护者自居,干扰儿童对周围环境的探索。例如,成人会干扰儿童的触觉,当儿童用手感知世界时,成人常常会说:"别动,危险!"成人会干扰儿童模仿,当儿童模仿成人扫地、洗碗时,成人常常会说:"放下,别捣乱!"成人会干扰儿童的探索,当儿童探索神奇物体时,成人常常会说:"快停下,别弄坏了!"诸如此类,成人不断地干扰着儿童的工作。蒙台梭利认为,成人必须审视自己,从自己身上找到那些压抑儿童的错误方法,吸取教训,并对儿童的工作采取一种全新的态度。

2. 为儿童提供真实的工作环境

蒙台梭利提倡为儿童提供适合他们的"真实"的工作环境,让儿童的工作都建立在真实生活的基础上,如"分水的工作""扫的工作""洗的工作""衣饰架的工作"等。蒙台梭利为儿童提供的工作环境的另一个特点是适合儿童,例如,蒙氏教室中教具柜的高度都适合儿童取放教具。

综上所述,蒙台梭利儿童观主要包含儿童的秩序感、儿童的敏感期、有吸收性的心智和儿童的工作四个方面。蒙台梭利关于这四个方面的论述对儿童教育的发展具有重大意义,让我们认识到儿童成长的主动性、抓住儿童各种心理发展关键期进行教育的重要性,以及儿童一日的生活和成人真实的工作情境的关系。这些都有效地促进了传统教育观念的转变。当然,由于蒙台梭利自身世界观的一些局限,她关于儿童观的一些论述存在不科学、不严谨的地方。例如,她过于强调天赋能力在儿童发展中的作用,完全忽视"游戏"在儿童成长中的重要作用,这些都和我们今天的学前儿童教育观不符。所以,我们在学习和运用蒙台梭利儿童观时,既要抓住其中的精华,分辨和避免其中不科学的地方。

第二节　蒙台梭利教育之教师

🖋 **教学目标**

1. 理解蒙台梭利的教师观。
2. 理解蒙台梭利教师观中的教师角色,掌握成为合格蒙氏教师应具备的教师品质。

在对蒙氏教育思想的解读过程中,我们发现蒙台梭利不仅关注孩子的发展,还十分注重教师素养的提升。蒙台梭利对教师要求严格,提出要树立幼儿教师正确的教育观,改变教师和孩子在传统幼儿教育中的角色关系。蒙台梭利要求她的教师必须接受特殊的训练,以达到她所提倡的教育方法。教师的作用主要是对孩子的心理活动和生理发育进行指导。为此,她把教师这个名词改成了"指导员"。但是教师的角色作用不可能因此而有所减少。她说,指导员的作用远比一般人的理解重要得多,因为对孩子的生活和心灵都要进行指导。她要做孩子的观察者和引路人,为孩子准备一个学习的环境,而不只是教孩子一些知识。

一、蒙台梭利教师的精神准备

蒙台梭利认为,比起掌握技能,教师的精神状态更为重要。教师不能只是成为一个有教养的人,只是给学生传授知识,更重要的是要有警觉性、稳健性、耐心、爱心、谦虚度等品德,最重要的是要能时时刻刻为孩子着想。

(一)研究自我,做好心理准备

教师必须系统地研究自我,使自己的内心做好准备,这样他才能消除根深蒂固的缺陷。事实上,这些缺陷会妨碍他与儿童的关系。为了发现这些潜意识的弱点,教师需要把自己隔离出来,以旁观者的角度看待自己。"要想教育别人,首先要看清自己。"蒙台梭利认为,教师也需要引导,他必须较早地研究发现自己的缺陷,只有征服这些会阻碍未来工作的缺陷,不断实现内心生活的完美,才能成为一位卓有成就的教师。如果一个儿童在成长和发育中遇到了困境,那么他极有可能是因为遭受到了成年人的压制,因为成年人有决定儿童的教育和发展的权利。正如蒙台梭利所说,成人就像一个强征臣民贡物的暴君,而臣民们即使不愿意也没有任何申诉权。成人充满暴虐却不肯承认,他们傲慢地以为自己对儿童的一切都负有责任。儿童长期处在这种强迫之下,心理就会渐渐产生畸变。教师对一个儿童的影响几乎是一生的,所以一定要端正自己的态度,使自己谦虚而沉静。

蒙台梭利要求教师首先要自我反省,摒弃对儿童的专制。他们要努力去除自己内心的傲慢和愤怒,学会谦虚和宽容。不在儿童面前掩饰自己的错误,更不能用权威甚至暴力强迫儿童沉默;面对儿童的错误,要根除内心的偏见,培养有助于教学的沉静而宽容的品质。教师往往对孩子的缺点考虑得太多,对孩子的不良倾向或行为如何改正考虑得太多,而对自己的缺点、错误却不重视。真正的教师不仅要争做一个有道德的人,更要排除那些无形让孩子觉得不可思议的阻力。相互尊重,时时想对方所愿,是教师与孩子之间的一种新型关系。成人对孩子提出的要求,如果违背了孩子内在发展的规律,孩子就无法做到言听计从。孩子的顽皮与不听话,往往是孩子自我建设的内在力量与不懂他的大人产生矛盾所致。所以老师一定要了解孩子的需求,尽量准备符合孩子需求的环境。

在蒙台梭利看来,成人的权威和骄傲才是了解孩子的最大障碍。虽然孩子还没有意识到这样的不公平,但当孩子的反应常常表现为胆怯、撒谎、任性、无端哭闹、不睡觉,甚至过度害怕时,他就会感到精神上受到了压抑,这些现象都是幼小的自觉的防御。教师如果能从自己的心理发展规律中尊重孩子、得到启发,就会知道孩子和大人的心理是完全不一样的。

（二）热爱儿童，相信儿童

蒙台梭利说，人生的成长一定要有"爱"的感觉，孩子通过爱而获得自我意识和认知。孩子在整个敏感期产生一种压抑不住的冲动，把自己和周围的事物联系起来，就是因为爱他的周围环境。这种爱，不是一般意义上的情感感受，而是吸收外界事物、通过爱来建设自我的爱的智慧。正是这样的爱，让孩子对周围的观察有了那样的热情与细致，而大人却常常不闻不问。

蒙台梭利认为，孩子更容易在情绪上倾向于身边的大人。教师在学校中所占的地位已经如同母亲在家中的地位，孩子向他们求助是很自然的事情，也需要从他们身上获得关爱。她说："教育成功的唯一基础就是教师与孩子之间的正面关系。"为此，她把教育称作"爱的艺术"。老师对孩子积极热情，有吸引力，孩子就会产生亲近的信心，就会得到孩子的信赖。

"内在的真实生活"是蒙台梭利的独特提法，如果用普通心理学的观点，即每个孩子都有自己独特的身心发展规律，并受其年龄特征的制约。孩子们这种独特的生命发展规律是孩子们精神世界的主心骨，是成长发展过程中的支柱。如果教育可以帮助孩子顺应其生命发展的规律成长，那么孩子就可以通过自己独特的方式来支配自己的世界，支配自己的发展方向，从而达到自我成长和发展的目的。

这就是孩子的自我教育和独立发展，在整个过程中，教师始终在旁观孩子的自然生活发展。因为老师相信孩子要有自我完善的能力，所以没有干预而是积极引导。

（三）耐心等待，不要急于干涉儿童

蒙台梭利认为，教师不应该用自己的智慧，应该引导孩子自己活动，不做孩子的仆人，不给孩子洗衣服、喂饭。孩子需要自主独立，自主择业，持之以恒。当他能克服一些自己通过努力就可以处理的困难的时候，他就会得到最大的喜悦。这个时候老师就会发现，孩子是有个性要发展的。当然，老师也要毫不犹豫地制止孩子们有害的表现。教师的责任不仅在于知道应该在什么时候禁止孩子的活动，而且应该尽量避免这种禁止行为的发生，这是一件极其不容易的事情。教师要有无穷无尽的耐心，对待进步缓慢的孩子，热情欢迎他的成功。当发现孩子动作迟缓时，大人若不是帮助他去实现最重要的心理需求，而是代替孩子去完成要完成的所有活动，就会成为孩子最大的主动发展障碍。

蒙台梭利强调，教师不能以任何方式对孩子进行干扰。如果孩子一直难以进入专心操作的情境，不停地干扰周围的人，好不容易才能集中精力做某项工作，这时老师经过他身边时，稍微夸奖他一句，说个"好"，他可能又开始调皮起来了，说不定一两个星期对什么工作都提不起兴趣了。

二、教师的角色

在蒙台梭利教育体系中，教师的角色可以归纳为以下几个方面。

（一）观察者

教师首先是一位观察者。在教育活动中，儿童是主体，是中心。儿童全神贯注地进行自己的工作，进行自我发现、自我教育。教师要以科学家的精神，运用科学的方法去观察儿童、了解儿童、研究儿童，揭示儿童的内心世界。教师观察研究的成果是为了更好地根据儿童的需要设计、改进、更新教具和材料。蒙台梭利强调必须在自然条件下，让儿童自由活动，去观察儿童的自由表现，从而获取准确、可靠的资料。

（二）环境准备者

教师的第二个角色是环境准备者。教师要将儿童所处的教室环境准备好，除了把教室布置得整洁、干净，还要美观。整个教室要井然有序，符合儿童的心理特点。所有的教具应摆放整齐，便于儿童拿取，还要依据种类、层次顺序摆放。教师要为儿童提供一个"有准备的环境"。"儿童之家"所需的"有准备的环境"包括以下几点。

（1）环境必须是有秩序的。

（2）能够为儿童提供美观、实用且能吸引儿童的居住设施及教具。

（3）能使儿童对生活有更多的了解。

（4）能够向儿童提供培养其感觉能力的材料或教学工具，以增进幼儿的智慧。

（5）能使儿童独立活动、自然行动，并认识到他们的能力。

（6）能够对孩子进行行为规范。

实际上，"有准备的环境"指的是一种与儿童的成长需求相一致的实际生活环境，它是一种为孩子们提供了可以促进他们身体和精神发展的活动和锻炼的环境，它是一种充满了自由、爱、营养、快乐和便利的环境。

（三）教具提供者

教师的第三个角色是教具的设计者和提供者。设计教具是一个极其复杂的过程，教师要具备科学家的献身精神。蒙台梭利在设计教具之初就是每天跟儿童在一起，观察他们需要，不断改进和设计更符合儿童发展需要的教具。

（四）活动引导者

蒙台梭利教师的第四个角色是活动的引导者，指为了儿童工作的顺利开展教师要从各个方面引导和帮助儿童。

（1）引导选择适合的教具。当儿童初次进入教室时，还不知道如何去开展自主活动。这时教师要引导儿童选择与自己的能力水平相适应的自由作业。在开始阶段，教师要给予这些儿童必要的指导，然后儿童就可以根据自己的兴趣和需要选择合适的教具。

（2）必要的示范操作。如果儿童还不会使用，教师可以做一次示范性操作。示范性操作必须在儿童向教师寻求帮助时进行。

（3）做教具使用的解释者。当儿童对于系列教具的结构及其相互联系有疑问时，教师还需要做教具使用的解释者，向儿童说明，帮助儿童理解。教师的说明必须简单明了，准确而缓慢。为了更好地完成这个任务,每个蒙台梭利教师要对教具的操作方法、示范过程、每种练习的目的、每个工作流程完全熟悉,所以教师需要撰写每个工作的示范说明。

(五) 沟通者

蒙台梭利教师投入许多时间在家园合作上。蒙台梭利认为,儿童是家庭的一分子,而不是完全孤立的个人,而且儿童的生活经验大部分在教室外取得。她认为没有与父母的亲密沟通与合作,单靠学校生活,即使是全天候的学校生活,也无法给儿童以完整的养成效果。在她第一所"儿童之家"的墙壁上就公布了一些规则:母亲必须将小朋友干净地送到学校,并且在教学工作上与教师充分合作。如果家长不合作,学校便会把小朋友送回家。每个母亲必须"每星期至少和教师商量讨论一次,述说儿童在家中的生活情形,并接受建议"。

蒙台梭利教师除了要与儿童的家长及家庭生活保持密切的联系外,另一项主要任务是扮演与家庭沟通蒙台梭利教学法的主要角色。在蒙台梭利教学法中,父母与教师扮演的角色都很重要,因此教师必须能够以演讲、示范或欢迎外宾参观等形式来满足家长学习交流的请求。

(六) 蒙台梭利教师守则

(1) 在未得到儿童的认可之前,不要随意地触碰儿童。

(2) 绝不能当着孩子的面或背地里故意地指责他。

(3) 真诚地帮助儿童发挥其优点,并将其不足之处减少到最小。

(4) 为一个好的环境做积极的准备,并坚持做好维持工作。帮助儿童与其所处的环境形成一种互补的关系。指导每个教具放置在合适的地方,并向他们演示如何正确地使用。

(5) 对幼儿提出的任何要求,给予及时的帮助,倾听和解答幼儿的疑问。

(6) 给予儿童尊重,不管是在当时,还是在以后,让孩子能够发现错误并改正。当孩子做出破坏环境、伤害自己、伤害别人的行为的时候,一定要及时制止。

(7) 当孩子休息,观看别人的工作、回忆自己的工作、思考自己的工作、思考自己的选择时,应尊重他们的时间。别打扰他,也别强迫他做什么。

(8) 引导儿童选择合适的工作活动。

(9) 不辞辛苦地把孩子以前不愿去做的事教给他,让他去克服困难、去学习他还没有掌握的方法。为此,一定要营造一个充满爱心、有明确规律的氛围,再加上温暖、亲切的语调和态度,让儿童在任何时候都能感受到支持和鼓励。

(10) 对孩子要尽量亲切,尽量表现出自己最真诚的一面。

蒙台梭利的教师观在今天的学前教育中依然具有重要的地位。蒙台梭利对教师的要求不仅仅适用于蒙台梭利教师,还广泛适用于所有幼儿教师。热爱幼儿、相信幼儿、对幼儿有耐心是一名合格的幼儿教师最基本的职业素养,而能够细致有效地观察幼儿及其活动,科学地给幼儿示范知识技能,与幼儿及幼儿家长有效地沟通,为幼儿创设能够促进他们发展的环境,这些不仅是蒙台梭利教师应该扮演的角色和所具备的能力,更是我们对每一名幼儿教师职业能力的要求。当然我们在具体运用过程中,依然要注意蒙台梭利理论和我国学前教育实际情况的结合。例如,三阶段教学法给幼儿示范知识技能虽然简单明了,但缺少师幼之间的交流和对幼儿学习兴趣的激发。我们在运用三阶段教学法时,可以考虑在"三阶段"的各个环节中适当加入师幼互动和小游戏环节,这样可以使我们的教学更加丰富生动。

第三节 蒙台梭利教育之环境

教学目标

1. 理解蒙台梭利教学观中环境的重要性。
2. 掌握有准备的环境的含义并知道如何为幼儿创造有准备的环境。

蒙台梭利十分重视环境,她说:"在我们的学校中,环境教育儿童。"她认为环境是重要的保育内容,而且保育方法的许多方面也由环境决定。儿童需要适当的环境才能正常发展,完善其人格。

一、环境对儿童发展的意义

蒙台梭利认为,环境是与生命相互制约的,环境反映生命的内在跃动。教育的任务在于通过掌握好环境因素,从而改进生命所依赖的环境进而促进其内在生命潜能的爆发。"向儿童提供自由活动的场所,有助于他从事自我训练并寻求自我发展。它是一个使人成为人的重要条件,是形成一个独特而复杂个性的重要因素。儿童的社会意识就是在与其他能够自由活动的儿童的共处中形成的。儿童在对自己所做的一切感到满足及在保护和控制周围环境的过程中使自己的意识得到升华。儿童在发展自己个性意识的过程中还培养了要坚持履行其任务的意志品质,并在兢兢业业完成任务的过程中得到一种理性的快乐。在这样的环境中,儿童不仅会自觉自愿地不懈努力工作,而且在工作中使自己的精神更加健全。他的生理器官也将在工作中得到成长并且日益强壮。"由此可见,蒙台梭利认为只要给儿童一个自由的适合其内在生命发展的环境,儿童就能在这种环境中自由地成长并使其心智得到健全地发展。

环境对儿童的发展有不可忽视的作用,环境因素在教育过程中是使教育贯彻实施的一个重要因素。这是古往今来很多教育家认同并研究的教育论题。蒙台梭利从促进与协助自然生命成长的角度出发,更进一步重点强调环境因素,将环境的准备作为其教育体系中的一个重中之重。儿童只有在一个不受约束的环境中,即在一个与他年龄相适合的环境中,他的心理、生理才会自然发展并展现他内心的秘密。如果不坚持这条原则,那么今后的教育只能使人更深地陷入无穷的混乱中。给儿童准备一个美丽、和谐而富于教育性的环境也恰恰是蒙氏教育工作者着力研究的一个重点课题。因为这是如何让混龄班中各个年龄段的不同孩子在一个固定的工作室中自由工作又不至于混乱闲荡而取得自然进步的关键。

二、什么是有准备的环境

孩子们天生就与大自然亲近。然而,随着文明的进步,大自然却离孩子们越来越远了,他们生活在一个以大人为中心的世界里,周围的一切,其规格、形态都不是他们所能适应的,很难随心所欲地操作。"有准备的环境",就是要给孩子们提供一个充满着秩序、智慧等精神营养的环境,让孩子们在出生之后就能健康地成长。对于 6 岁之前的幼儿来说,大人所处的环境与幼儿所处的环境,其规模和节奏都有很大的差异。所以,孩子们的行动,都要依靠大人的帮助。然而,如果孩子总是依靠大人的帮助,就得不到充分的发展,不能主宰自己的生活,教育自己,锻炼自己。若没有一个理想的环境,孩子们是不可能认识到他们自身的能力的,因而也就永远不可能离开大人而独立。蒙台梭利正是基于这样的考虑,在 6 岁之前,孩子们是"吸收"的关键期,处在敏感期,应该创造一个以孩子为中心、帮助孩子独立生活的环境。

蒙台梭利认为,新的教育应该是"教师""环境""孩子"三大要素,这三大要素相互促进。由于现代社会的生存环境十分复杂,很多地方都不适合孩子成长,因此,教师可以给孩子提供一个"有准备的环境"。一个刚出生的小孩,必须要有大人的协助才能适应这个世界,慢慢获得经验。要让孩子健康地成长,就需要在成年人的世界与孩子的世界之间建立联系。而"有准备的环境"则在此过程中扮演了一个桥梁的角色,它的目标是让成年人的生活适于孩子的成长。蒙台梭利关于"有准备的环境"的论述,可以概括为两个方面:一方面是为孩子提供生存所必需的物质条件,例如,根据儿童生理、心理和卫生的需要,设计出符合儿童生理、心理和卫生需求的蒙台梭利教学工具和环境,以及充满活力的室外环境,让孩子们可以进行适当的体育锻炼;另一方面是幼儿所处的社会与文化环境,父母与教师的尊重与关爱,以及幼儿与其他幼儿之间友爱的互动关系。

孩子们赖以生存的物质环境的功能,不仅是对孩子们进行基础知识和技能的教育,更是可以让孩子们在这样的环境中发展心理,培养个性,完成自我建设。此外,孩子所处的社会文化背景和父母、教师的影响也会对孩子的心理发展和个性的形成产生不容忽视的影响。

蒙台梭利在其作品中对自己创建的"儿童之家"的描写,也运用了"有准备的环境"。她说:"儿童之家"没有固定的模式,只是为孩子们提供一个可以让他们自由活动、自由发展的环境。蒙台梭利曾经说过"儿童之家"是一个可以给孩子们提供发展的空间(注意:别误解为"孤儿院"),这类学校没有固定的标准,完全取决于当地的经济状况与客观条件,但一定要有家的感觉。也就是说,不能只有一到两间同等大小的教室,一定要有一个房间,有一个院子,里面有遮风避雨的设施,孩子们可以在外面进行活动,可以摆放一些自己喜爱的、自己能够照顾的小花小草、小动物、小摆设。例如,周围有一片郁郁葱葱的树林,孩子们可以在那里玩耍、工作、休息;这里也有为孩子们特别设计的工作室和休息室。这个工作室是最主要的区域,里面有一个长长的玻璃橱柜,还有一个两到三个格子的小抽屉。玻璃柜子的高度很低,孩子们可以很容易地拿放各种用具,每一个孩子都可以玩到喜欢的玩具。在斗橱中,孩子可以存放私人物品。墙壁四周悬挂着供孩子们画画、书写的黑板,也张贴着孩子们喜爱的不同图画,并且定期更换内容。室内的一角也有毛毯供孩子们玩耍,儿童休息区是孩子们互相交谈、玩耍、演奏音乐的场所。除此之外,食堂、更衣室也根据孩子们的特性和需求来安排。在这种情境下,孩子们就像大人一样,可以自由地选择自己感兴趣的活动。每日早上九点至下午四点,活动内容包括谈话、打扫卫生、锻炼身体、用餐、小憩、制作手工艺品、唱歌、照顾动物或植物等,并进行各项感官与知识的训练与学习。儿童可自行安排其学习和工作,而无须限定时段。

可以看出,蒙台梭利所说的"有准备的环境"指的是一种真正符合孩子需求的环境,一种与孩子身体和心理发展需求相适应的活动环境,一种充斥着自由、爱、欢乐和方便的环境。

三、为儿童创设有准备的环境

一个适宜的环境是可供儿童自由工作的、丰富的、会对儿童产生深刻影响的环境。要想创设一个这样的环境就要求教师在深入理解蒙台梭利环境理论的基础上,遵守物质环境与心理环境、精神环境相结合的原则,同时需要做到以下几点。

第一,为孩子们提供一个能够充分发挥其节拍和节奏、适应其空间认知的地方,让孩子们在其中生活和学习。儿童在大小、距离、时间、节奏等方面都与成人有着完全不同的感觉,因此,我们不能将他们的感觉用成人的标准来要求,而应该尽可能地为他们提供一个适合他们发展的、属于他们的乐园。在蒙台梭利班级,教室的桌子、椅子、玩具等都是按儿童的身高比例设计的;在生活与学习中,教师总是更耐心地关注儿童本身的步调。每天中午请儿童上床、脱衣服睡觉时总会说"请在 1 分钟内迅速脱掉衣服睡觉",有的孩子会问 1 分钟是多长时间,我们可以回答"大概数 60 个数字的时间"。即使这样,他们也不会迅速脱衣服睡觉而是说话、玩。教师还要尽量耐心地等待,因为他们根本就没有成人那样准确的时间概念。

第二,尊重与关爱儿童,给他们有安全感的环境。人需要被尊重,儿童亦然。在被尊重的环境中,儿童会感觉亲切、安全,这样他们才会更好地成长。蒙台梭利建议每个儿童刚进入班级时,教师要用非常温和的语气和他讲话,并拉着他的手带他熟悉班级的环境,也可以请他选择工作。这样儿童才会信任教师,也会觉得自己安全了,从而开始选择工作。虽然第一项工作他可能将其放在工作毯上没做就收了,教师依然要耐心地允许他选择另一项工作,儿童就是通过这样一步步地感觉才对环境开始信任的。

第三,可以让儿童自由选择工作和活动的场所。有准备的环境应该是准备有丰富的教具、可以适合各年龄段儿童工作、可以让儿童自由活动、可以吸引他们工作的环境,当然这种自由不是绝对的自由,而是在遵守纪律前提下的自由。蒙台梭利教室对所有入班孩子都是开放的,在这种自由的工作室中,只要不扰乱秩序就可以自由选择工作,自主决定工作的进展程度。虽然教师给班里不同年龄的儿童准备不同的工作:有的可以做中国地图的绘画练习,有的可以学习数棒的加法工作,有的可以学习做金色串珠的工作,但是他们并不是被强迫做这些工作的。儿童喜欢做就做,即使年龄小的儿童也可选择较难的金色串珠工作。但是如果他们说话跑动,就不得不停下工作原地静坐 1 分钟,因为他们的自由是相对于纪律而言的。

第四,这种环境是有限制的、有秩序的,有环境所需的规则与纪律。蒙台梭利工作室并非毫无原则性的自由场所,相反在工作室要怎样坐站走、怎样卷铺工作毯、怎样拿取教具、怎样请求教师或其他小朋友等,都是有其自身规律与秩序的。一般开班后的第一周是专门学习工作室纪律的时间,儿童知道怎样在一个准备好的环境中维护这个环境、获益于这个环境。"秩序存在于有准备自然环境中的每一部分",秩序可使儿童朝着真实且正确的"工作"去努力,也就是儿童能真正认真去进行"真实的生活"。只有能够独立专注于自己世界内活动的儿童,才能真正在下一个阶段的成人世界中活动。

第五,准备有艺术性、能体现美的环境。爱美是人类的天性,美对儿童有同样非凡的吸引力。儿童最初的活动欲是因为美而引起的,所以儿童周围的物品不论颜色、光泽、形状,都必须是具有美感的。蒙台梭利工作室是按真实自然原则结合美感设计的。蒙台梭利教师精心布置教室中的每一个角落,让儿童觉得教室不仅像家一样安全、舒适,还可以让他们发现很多可以探索的东西。这样,他们会细心发现环境中每一点不同,细心感受环境中每一点美的要素。

综上所述,蒙氏教育对环境的要求是全面、细致而独特的。只有掌握这些要点,我们才能在教学实践中为儿童提供"有准备的环境"。

第四节　蒙台梭利教育之教学

教学目标

1. 理解解放儿童和发现儿童的意义。
2. 通过对儿童的认识形成正确的教学观。

蒙台梭利是欧洲新教育运动的一位代表,谴责了当时社会对孩子们的漠视:从古至今,教育就是一种惩罚。教育的目标,就是要把孩子交给一个成年人,这个成年人用自己的意志来取代自然界,用自己的意志来取代生活的法则。蒙台梭利认为,新的教育方式与传统的教育方式有很大的区别,其目标在于对孩子的发掘与解放。所以,教育应首先关注"孩子的生存",关注孩子本身;教育应该尊重孩子的个性,关爱孩子本身"纯净而又非常敏感的心灵",赋予孩子"完全符合童年时期的心理需求"的权利,并为孩子们提供他们所需要的帮助,以发挥其巨大潜力。

一、儿童是什么

（一）儿童是独立的个体

蒙台梭利曾说过:"孩子不应该被看作是庄稼,而是被看作是人类;他们不应当被看作是一个被成年人灌输的容器,而是一个试图自我发展的人;家长和教师不应该控制孩子的性格,而是将孩子看作是一个有生命的、有活力的、独特的人。"她在继承了卢梭、裴斯泰洛齐,福禄贝尔和其他哲学家的思想基础上,重视孩子的先天潜力,提倡在关爱和自由中开发孩子们的潜力。孩子的发展并非大人强迫,而是在与环境的互动中,利用周围环境的条件,发挥自己的意志,开发自身的各项功能,进而形成自我。蒙台梭利认为,孩子们积极的、有创造性的、有价值的、有思想的生命,已经在一个人身上存在数千年了。"大人们错误地以为,孩子们的生命是由于大人对他们的关心和帮助而被奇怪地激发出来的,大人是孩子们的精神生活的创造者。"

(二)儿童是成人之父

蒙台梭利曾说过:"儿童是成人之父。"在蒙台梭利看来,孩子并不是那种一切都要依靠大人的死气沉沉的活物,也不是需要人来填满的空壳。恰恰相反,她认为孩子是人类精神的觉醒者,孩子的作品中没有人类。她对孩子成长中的"内部活力"满怀赞赏与敬意。她认为,儿童本身所包含的心理潜力与内在规律,犹如自然设置的内在密码,深藏其中,蕴涵着蓬勃的生命力。孩子们凭借着与生俱来的"生命力",通过不同凡响的努力,逐渐构建出了他们自己的精神世界。

(三)儿童是爱的源泉

蒙台梭利曾说过:"孩子是每个人心中温暖而充满爱心的感觉的唯一聚集地。一提到孩子,人们心里就充满了温柔和喜悦。全人类都喜欢被他唤醒的这种深沉的感情,孩子就是爱的来源。要想让世界和平,就得有这样的爱。"

蒙台梭利对孩子们的心灵世界有着独到的见解。她相信,孩子们的天性就像一座金矿,比黄金更有价值。"儿童的心理天性是某种异乎寻常的至今仍未被认识的东西,然而它对于人类却是至关重要的。几千年来,它一直被忽视,这种异乎寻常尚未被认识的东西,就是儿童真正的建设性能力,即能动性。就像人类一直在生活的地球上生息耕作,却没有注意到在地球深处埋藏着巨大的宝藏一样,我们今天的人们在文明生活中取得了一个又一个成就,却没有注意到埋藏在儿童精神世界中的宝藏。""爱是每一个出生在这个世界上的孩子的天赋,如果孩子的爱的潜力得到了开发,或者如果孩子的其他价值得到了充分的开发,那么我们将会获得难以估量的成功。"成年人想要变得更加伟大,他可以谦虚地从孩子身上学习。

二、解放儿童

(一)纪律并不是压制儿童

纪律是基于自由的一种积极的状态。以前要求的强制、顺从、被动、静止的纪律,不但扼杀了孩子的活力,压制了孩子的潜能,使他们失去了探索的欲望,甚至使他们产生反应迟钝、智力低下、成为奴颜婢膝的人。蒙台梭利认为,通过各种强制措施所建立起来的外在的自律,都是错误的,都是无法长久的。真正的自律是积极的、有活力的、内在驱动的、持续性的。孩子们的学习并非为了上学,而是为了将来的生活;他们所学会的规则纪律,不仅应当局限于学校,而且应当能应用于现实的社会生活。

蒙台梭利曾说过,我们不会把一个沉默的哑巴,或者一个无法行动的植物人,当作是没有纪律的。他只是没有了自己的性格,没有了自己的原则。一个具有独立精神的人,在任何时间任何地点,只要他认识到必须遵守特定的生活规则,他就能克制自己。从这一点来看,纪律就是自由。人们倾向于将纪律和自由放在一起。蒙台梭利所说的"自由",并不意味着放纵,也不意味着任由孩子为所欲为,是一定限度内的自由。在《蒙台梭利早期教育法》中,清楚地阐明了以下几点:第一,在不损害社会整体利益的前提下,让孩子们享有自己的自由;第二,不要侵犯别人,不要打扰别人,不要对别人有无礼的举动,如果有要及时制止;第三,有利于孩子的多种表现与发展,不论怎样的行为,不论以何种方式出现,教师不但要承认,而且要加以注意。蒙台梭利关于教育的原理与方法,就是给予孩子在适当的环境与特殊条件下的最大的自由度与活动权,让孩子在"有准备的环境"中,自然而然地得到规律性与伦理性的教育与训练,这种规律与伦理根植于孩子心中,并使之自然而然地成为一种习惯,发展成孩子的"第二天性";而不是那些旧有的方式,没完没了的说教、命令、强迫的纪律,以及刻板的道德准则。因此,在蒙台梭利看来,"自律和自由就像一块硬币的两个面一样,是一种不能分开的东西。"

(二)给儿童选择的自由

蒙台梭利认为,选择是一种高级的智力活动。她认为:"智力通过人的注意力和内在意志活动,提炼出事物的主要特征,并通过意象的联想,将这些意象置于意识的前缘。每一个健全的大脑都能去粗取精,舍弃多余的东西,使之将那些独特、清晰、敏感和重要的东西留存下来,尤其会保留那些对创造性有用的东西。如果没有这种独特的活动,就不能称其为智力了。"在蒙台梭利看来,天才就是那些能将桎梏自己发展的锁链砸碎的人,那些使自己享有自由的人,那些能够在众人面前坚持他所认定的"人性标准"的人,即能够坚持自己内心选择的人。解放儿童就是培养他们学会选择,而不是将我们选择好的东西强加给他们。蒙台梭利形象地列举了背诵但丁的诗歌与理解赞美诗中内涵的本质区别,来帮我们认识接受别人的选择和通过深思做出内心选择的不同。蒙台梭利通过对儿童的观察,认为儿童具有自由选择的能力。一天,某位教师不小心打翻了一只盒子,盒子里是80多种颜色依次变化的小方块。教师当时就十分窘迫,因为要把这么多色彩不同的小方块按顺序排列起来是非常困难的。这时孩子们跑来了,令人惊讶的是,他们很快按照正确的色彩排列好了这些小方块。他们身上表现出了一种远胜于成人的选择敏感性。又有一天,一位蒙台梭利教师迟到了,而且她头一天忘了锁教具柜。当她到了教室后发现,孩子们已经自主把柜子打开了,并自主选择了自己感兴趣的工作。根据儿童自己的选择,教师可以清楚地看到他们的心理需求和倾向。

蒙台梭利还认为,儿童倾向于选择对他们发展有重要意义的东西。在第一所"儿童之家"中,蒙台梭利也投放了部分昂贵的玩具,但是却没有一个儿童主动选择这些玩具。即使蒙台梭利教给他们怎样用这些玩具做游戏,儿童的兴趣也只维持一小会儿,然后就各自散开了。这使蒙台梭利明白,也许在儿童的生活中,游戏只是很小的一部分,由于他没有什么更好的事情要干,所以才会做游戏。如果儿童感到有更重要的事情要做时,他就不会再做这种游戏了。他们看待游戏就好比我们看待下棋和打桥牌一样,认为那只是一种消磨闲暇时间的手段。这说明儿童能够做出对自己发展最有利的选择,儿童喜欢自由选择。他们渴望自己去选择那些不同的物品和行动,讨厌成人所定的规则。只要是儿童自己选择的东西,哪怕是一把不起眼的小尺子他们也玩得兴致高涨。

第三章　蒙台梭利教育内容

高质量教育体系是教育强国的重要特征,高质量教育体系的第五个特征是扩大教育对外开放,在国际教育合作与交流中增进世界各国人民的相互理解与支持,与他国互学互鉴,在教育教学观念、内容、方法和目标上不断改革创新。蒙台梭利的教育理念,在过去100多年中,对世界各国都有着深远的影响。蒙台梭利教育体系的核心教学包括五大领域:一是日常生活领域,二是感官领域,三是语言领域,四是数学领域,五是科学文化领域。根据区域划分原则,将教室科学地划分为五个领域,并根据儿童的特点及需求开展教学活动。蒙台梭利教育期间,教师密切观察儿童的"工作",适时、适性地进行帮助、示范和引导,让儿童在安静、专注、和谐、互助的氛围中全面提高综合能力。

第一节　蒙台梭利日常生活教育及课程设计

教学目标

1. 学会操作蒙台梭利日常生活教育教具。
2. 掌握蒙台梭利日常生活教育的主要内容。
3. 通过教学案例帮助学生了解中国化的蒙台梭利日常生活教育状况。
4. 掌握蒙台梭利日常生活教育的特点。

一、日常生活教育的含义

日常生活教育是指在一定地理环境和文化环境中,针对 2～6 岁儿童开展的、以日常生活内容为依托的动作教育。目的在于培养儿童的生活自理能力与独立精神,促进幼儿注意力、理解力、协调力、意志力的发展及良好生活习惯的养成。日常生活教育及训练通常被认为是蒙台梭利课程中的必要内容。

(一) 日常生活教育是以日常生活内容为依托的教育

首先,日常生活教育是用来给予儿童"与日常生活息息相关"的教育,因此教育内容具有极强的灵活性。由于国家、民族及时代与地域的不同,日常生活模式呈现出一定的差异。因此,日常生活教育的内容没有统一标准,教师可根据本班幼儿的发展需要、兴趣、文化结构等创造性地设计活动。

其次,日常生活教育以日常生活内容为依托,不仅以"生活"为目标。蒙台梭利在实践中总结出了日常生活教育的内容,涉及与儿童自身有关和与环境有关两个维度,具体分为基本动作教育(如大肌肉运动、小肌肉运动)、照顾自己(如穿鞋子、衣服等)、照顾环境(如养小动物、拔草、浇花等)、社交礼仪(如打招呼等)4个方面。儿童通过经历熟悉的类似家庭生活的体验,如打扫、做针线活、整理花园,开始学会集中注意力,学会将"工作"组织化、有序化,学会为实现特定的目标协调肌肉运动。以"切胡萝卜"的工作为例,虽然直接目标是削、切、煮,但潜在间接目标是培养独立性、秩序感、专注能力、手眼协调能力、集体生活能力(请别人吃胡萝卜)和树立自尊心(通过完成工作)。此外,对倒、捏、抓、剪、舀、贴等动作,除获得相应动作技能外,儿童还能形成质量守恒概念、面积守恒概念以及初级的运算思维,这是儿童的思维向智能发展的必经之路。

(二)日常生活教育是动作教育

首先,日常生活教育源于运动。运动是由人体组织中的主要部分,如脑、感觉与肌肉等微妙的机械结构形成的统一整体,进行协调活动。蒙台梭利认为,运动是人格发展的基础,如果成长过程中缺乏日常生活的实践活动,比起感觉有缺陷更加不利,因为某种感觉有了障碍还可由其他健全感觉来弥补不足,但是运动有障碍就没有相同层次的替代了。因此,蒙台梭利认定运动是教育内容中不可缺少的部分。学前期儿童对日常生活活动十分感兴趣,因此其运动能力的发展可以从日常生活练习切入。日常生活练习中的运动使儿童的肌肉、骨骼、神经得到了充分而有益的发展。只有当儿童的肌肉、骨骼、神经系统的生理功能得到充分而有益的发展后,儿童的感觉才能进一步发展成为知觉、注意等心理因素。总之,日常生活教育能让儿童的生理机能得到充分发展,儿童生理机能的充分发展为心理发展奠定了基础并加快身心发展的速度。

其次,日常生活教育将运动组织化。运动组织化是指在运动中,儿童的动作行为逐渐趋于"精密""正确""秩序"。蒙台梭利指出,与儿童接触过的人都知道,为了达到实际目的,活动的设计都具有特别的成功秘诀,那就是"精密"。如"倒水"动作,将水倒入茶杯是外在的目的,瓶子不可碰到杯口,或是滴水不溅,才是真正引起兴趣的所在。在"洗手"的动作中,正确地回忆肥皂的放置地点、毛巾挂在哪里等,比洗手本身更令他们着迷。正是基于蒙台梭利对运动的"精密""正确""秩序"的要求,日常生活教育要求动作"精密""正确""秩序"。在基本动作练习中,动作要分解、缓慢、清晰、有秩序;在社交礼仪活动中,动作要适当、优雅;在自我服务中,不仅要能完成诸如穿衣、系纽扣这样的动作,还要保持动作的秩序性;在照顾环境时,不仅要懂得如何整理环境,还要在整理环境中有条不紊。

二、日常生活教育的意义

(一)日常生活教育能够培养儿童的专注力

儿童发展心理学指出,注意力的不稳定性是3岁儿童的特征,儿童的注意力会很快从一个物体转移到另一个物体上。蒙台梭利认为,儿童的注意力不是教师人为保持的,而是由一个固定的、能引起注意的物体保持的,这个物体符合儿童内部的冲动,从而产生需要,成为行动,即操作工作。

日常生活教育的教具都是儿童熟悉的、每天都接触的物品。教具具有任务明确、容易操作完成的特点。儿童在操作练习的过程中,容易有成就感,对待活动就会更加专注,专注水平就会得到提升。

（二）日常生活教育能够提高儿童的自我意识

日常生活教育的目的除了在日常生活中教育儿童如何正确地使用工具外,更重要的是通过这些活动,培养儿童独立应对周围事物的能力。在生活环境中能够担任工作,学会生存。儿童在这些具体的练习中,可以奠定发展成人的基本能力和德行,养成个体的独立意识和自主精神。

（三）日常生活教育有助于儿童秩序感的形成

日常生活的练习遵循简单到复杂的原则。儿童通过系统设计的倒水、搬运桌椅等这些活动,不仅学会正确的动作,还学会了有序地活动。教师在演示活动时也会十分注意示范的顺序性。早期秩序性的培养,对儿童秩序感的形成可起到关键作用。

（四）日常生活教育有助于培养儿童的手眼协调能力

人的手因为可以操作高度精细和复杂程度的工作,所以能使整个人跟他的环境建立特殊的关系,因此有人说手是智慧的象征。日常生活练习如走、跑、跳、拿、倒、夹、捏、敲、拉、吃、喝、转动等可以训练并发展儿童小肌肉的灵敏性与准确度,以及手眼协调的能力。

三、日常生活教育的内容

蒙台梭利日常生活教育的内容包括基本动作练习、社交礼仪行为、照顾环境、照顾自己 4 个方面。

（一）基本动作练习

基本动作练习,即让儿童练习日常生活中的基本动作,除手的动作外,还包括整个身体的活动,是其他活动的基础,具体包括走线、走(步行)、坐姿、站姿、拿、搬、放、拧、倒、折、剪、切、贴、缝、编、捏、夹、转、擦、撕、打、敲、卷、削、拉、揉等。基本动作练习旨在把对儿童来说很难做出来的肌肉动作、平衡动作分解成一个个易懂的动作,在儿童兴趣指引下,经由反复、具体的实际练习来习得具有整合性和秩序性的生活中的动作,同时扩展到其他动作中。这样的活动能够有效培养儿童的专注力、意志力、协调力以及自信、自尊、独立等品质。

案例

1. 工作名称

走线。

2. 操作材料

桌子、旗子、旗台、珠子、汤匙、乒乓球、玻璃杯盛有颜色的水、铃铛、蜡烛、积木、篮子和水果等。

3. 工作前经验

2.5～3 岁儿童。

4. 工作目的

(1) 直接目的:培养动作平衡及感觉协调灵敏的身体。

(2) 间接目的:培养独立性、意志力,促进儿童动作协调;还可作为肃静课的间接准备。

5. 工作步骤

(1) 汤匙和乒乓球:

① 走路时不要使乒乓球掉到地上。教师进行步行示范。

② 右手臂呈直角弯曲;汤匙以拇指在上、四指在下的姿势握住。

③ 眼睛注视乒乓球。

(2) 玻璃杯盛有颜色的水:

① 教师进行步行示范,提示"不要让玻璃杯中的水撒出来。"

② 握住杯脚,在线上缓步前进。

③ 右手臂呈直角弯曲,杯子朝前方步行。

④ 也可以用两手端着托盘步行。

(3) 铃铛:

① 拿着铃铛线的部分站着,提示"走路时不要让铃铛发出声音,仔细看着。"

② 右手臂向前方伸直,动作要慢,不要使铃铛摇晃。

③ 目光注视前方行进。

6. 变化延伸

(1) 以线上步行和线上游戏练习为基准,培养自然状态的步行。

(2) 可在室内或户外进行动作优美的步行练习。

(3) 可以在平衡木上步行。

(4) 可以播放快节奏的音乐,让儿童随意活动身体,但要保持手中或头顶的物体平衡。

7. 错误控制

(1) 两脚的脚尖和脚跟分离。

(2) 脚超出线外。

(3) 身体失去平衡,物体呈现不稳定的状态。

8. 注意事项

(1) 刚开始无须准备所有的道具。

(2) 道具全部摆在步行线外的桌子上;作为步行使用的道具应放置在醒目的地方;教师可根据情况及时进行线上游戏的指导。

(3) 步行练习虽然有教师示范,但也要有儿童自己尝试的机会。

（4）练习时间在 15 分钟以内。

（5）配合钢琴伴奏或播放音乐。

（二）社交礼仪行为

社交礼仪行为是指以人为对象，为了使社会生活顺利进行所要学习的社交礼仪、规则。蒙台梭利认为，2～6 岁是确立、调整肌肉与神经运动的时期，这一阶段的儿童对活动充满着极大兴趣，既热切又极具耐性地想学好"正确的礼仪"。因此，在要求肌肉动作协调的敏感期，日常生活的谦恭、仪态及正确的礼貌训练是必要的。社交礼仪主要分为：①谈话礼仪，如打招呼、道别、邀请、感谢、道歉、欢迎、应答、慰问病人、打电话、问路等；②动作礼仪，如开门、关门、敲门、与他人接触、递交物品、咳嗽、打喷嚏、打哈欠、倒茶、入席等。

案例

1. 工作名称

递交物品。

2. 操作材料

剪刀、刀子、铅笔、图钉、叉子、针、钻子、画册、各种纸张、花束、礼品等。

3. 工作前经验

已有使用剪刀等经验及 2.5 岁以上儿童。

4. 工作目的

（1）直接目的：学习尖锐物品的递交方法；对他人的尊敬和信赖。

（2）间接目的：培养独立性、专注力。

5. 工作步骤

（1）递交尖锐物品的方法如下。

① 锋利的一端对着自己，让对方拿到后马上就可以使用，传递物品时要注视对方的眼睛。

② 必须和对方保持一定的距离。

③ 右手拿物品时，在对方右手的斜前方递交给对方。

④ 保持笑容。

（2）剪刀：握住闭合的刀刃，将剪刀把手给对方。

（3）刀子：注意不要让刀刃划伤对方，将刀柄递给对方。

（4）铅笔：握住离笔尖一半以下的地方，笔尖朝向自己，递给对方。

（5）针、钻：小心拿针、钻的尖锐部分，递给对方。

（6）大张纸、画册、笔记本：

① 拿着纸的右下角或者左下角轻轻地给对方。

② 对方接受时应伸出双手，以两个拇指捏住纸张，很客气地接受。

③ 稍重的本和画册要用手接稳。

6. 变化延伸

(1) 尖锐物品由大家轮流传递。

(2) 生日、圣诞礼物的传递练习。

7. 错误控制

(1) 尖锐部分伤到别人。

(2) 物品折断、破损。

(3) 对方未接稳。

8. 注意事项

操作过程中的安全问题。

（三）照顾环境

照顾环境是指以周围环境中的人、物为对象,让儿童学习美化、打扫、整理环境的方法,掌握饲养、管理动植物的相关技巧,形成助人意识与行为等。具体内容包括以下几个。

(1) 清理、整理工作。如工作毯的准备及清理,扫地,摆放鞋子、衣服、书包、教具、图书、玩具、桌子、椅子、床铺等。

(2) 擦洗。如擦洗桌子、椅子、窗户、托盘、教具、杯子,以及洒水时用抹布擦等。

(3) 庭院工作。如捡拾落叶、扫垃圾、拔草、松土、剪枝等。

(4) 照顾动植物。如浇花、施肥、喂金鱼、给金鱼换水等。

(5) 注意自己所接触的人的特征、姓名等。

(6) 帮助他人、服务他人。

案例

1. 工作名称

刷地毯。

2. 操作材料

(1) 地毯。

(2) 刷子。

(3) 小簸箕。

3. 工作前经验

4 岁以上儿童。

4. 工作目的

(1) 直接目的:锻炼手眼协调动作;增强清洁感。

(2) 间接目的:培养独立性、责任感。

5. 工作步骤

(1) 介绍工作名称,从固定位置拿来刷子、小簸箕。

(2) 坐在展开的地毯前。

（3）用右手拇指和四根指头握住刷子。

（4）两膝跪在地毯上，左手按住地毯，刷子从地毯左上角开始向右平行慢慢刷。

（5）不要移动地毯，身体向后退，从左到右刷。

（6）用刷子将地毯刷干净。

（7）把沾在刷子上的毛及垃圾随时清除到小簸箕上，全部倒进垃圾桶。

（8）把刷子、小簸箕清理好后，放回原来的位置。

（9）操作完成后，把地毯卷好，放回地毯架上。

6. 变化延伸

操作练习地毯的卷起和展开。

7. 错误控制

留下垃圾、灰尘，地毯毛不整齐。

8. 注意事项

（1）如果地毯非常脏，则在室外系一条绳子，挂上地毯，用掸子掸干净。

（2）大一点的垃圾可用镊子夹取。

（四）照顾自己

照顾自己是指为提高儿童的生活自理能力以适应现实生活而设置的活动。主要包括携带物品的整理、东西洒落时的处理、照镜子、梳头发、擤鼻涕、穿衣、脱衣、叠衣服、穿鞋、脱鞋、洗脸、洗手、洗手帕、喝水、吃饭、刷牙、剪指甲、擦汗、洗脚、洗澡、整理书包、如厕、叠被子、擦鞋、擦嘴等。

案例

1. 工作名称

洗手。

2. 操作材料

（1）水壶一个（有把手、壶嘴的容器）。

（2）洗手盆一个。

（3）洗手液一瓶。

（4）海绵一块（放在容器内）。

（5）指甲刷一把（放在容器内）。

（6）毛巾一条或者擦手纸。

（7）干抹布一条。

（8）水桶一个，用来盛放使用过的水。

（9）适合儿童用的小围裙一个。

3. 工作前经验

2.5 岁以上儿童。

4. 工作目的

(1) 直接目的:学会洗手。

(2) 间接目的:增强秩序感;提高生活自理能力。

5. 工作步骤

(1) 介绍工作名称,组织儿童取教具。

(2) 首先引导儿童到洗手区,按照使用顺序的先后,介绍洗手用具的名称,指明"这是某物",并将物品放在合适的位置。

(3) 拿出水壶,将水壶的壶嘴沿着洗手盆边缘,缓慢倒入洗手盆合适的水(提示儿童将水倒至控水线或者某个图案处)。

(4) 将手放入洗手盆内沾湿至手腕处,将手拿出水面,在洗手盆上方停留数秒,待手指端水滴完,再按压洗手液至手心处(提示儿童按一下即可)。

(5) 掌心有洗手液后,先相互搓手心,可配上语言"搓搓手心,搓搓手背,搓搓手指:大拇指、食指、中指、无名指、小指,搓搓手腕"。

(6) 将双手浸入水中,一手呈杯状,舀水从另一手的手腕处淋下,并由上而下搓洗掉泡沫,直至洗净。

(7) 冲洗完双手的泡沫后,手离开水面,在洗手盆上方滴完水滴,然后小心端起洗手盆至水桶上方,将脏水慢慢倒入水桶内。

(8) 用海绵擦净洗手盆,再从水壶中倒适量的水至洗手盆,将双手放入洗手盆内,再次冲净泡沫,然后将手离开水面,滴完水滴。

(9) 提示儿童观察指甲缝,检查是否有脏物,然后用指甲刷刷洗指甲缝,依次确定十根手指是否都已洗干净,再同步骤(6)、步骤(7)一样,将双手浸入水中搓洗。

(10) 同步骤(7),将用过的水倒入桶内,并用海绵擦净洗手盆。

(11) 用擦手巾擦干手,若有必要,再用干抹布擦净工作区。

(12) 操作完成后,儿童将教具放回到正确位置。

6. 变化延伸

(1) 增加洗手的刷子和消毒液;更换不同的盆和毛巾、肥皂的形状等。

(2) 在洗手的工作区放置镜子;将教具放在较低的架子上,以便儿童自己准备教具。

(3) 儿童可以做"洗澡"的游戏,如为洋娃娃洗澡。

7. 错误控制

手未洗干净,工作区到处是水。

8. 注意事项

(1) 活动中注意向儿童强调秩序的重要性,排队完成。

(2) 提醒儿童在饭前、便后洗手可有效预防疾病,在准备吃食物前也要养成洗手的习惯。

六步洗手歌

打开水龙头,冲湿手。

关上水龙头,打香皂。

手心、手背、手腕、手指、手缝、手指尖。

打开水龙头,冲呀,冲呀,冲干净。

关起水龙头,拿起小巾,擦干净。

四、日常生活教育的必备用具

（一）日常生活教育用具的含义

日常生活教育"用具"是指儿童"工作"中一切道具、设备用品等的总称。这些用具不是粗糙的玩具,而是实际生活中成人使用物品的缩小尺寸,适合儿童使用的实物。

日常生活教育"用具"不是日常生活"教具",两者有着本质区别。"用具"是指实际使用的物品,会随各地风俗的不同而在内容、材料、数量上有所不同,为达成目标而做的排列不尽相同。"教具"却有抽象的功能,为达成某些特定目标而设计,排列具有意图性,教学方法具有一定的系统性。

（二）日常生活教育用具的准备原则

日常生活教育内容没有统一标准,因此,日常生活教育用具的准备也没有统一要求。然而,在准备日常生活教育用具时,必须遵循一定的原则如下。

1. 安全性原则

安全性原则是指用具要保证安全,避免伤害儿童。

2. 适宜性原则

适宜性原则是指用具要适合儿童身高、步调。

3. 真实性原则

真实性原则是指用具尽量选取日常生活中真实存在、经常使用的东西。

4. 完备性与审美性原则

完备性与审美性原则是指用具完整,有吸引力,具有美感。

5. 民族性与地方性原则

民族性与地方性原则是指用具符合本民族、本地区的生活习惯。

6. 时代性原则

时代性原则是指用具根据时代特点来准备。

7. 数量限制原则

数量限制原则是指用具数量限制,是为了培养儿童秩序性与耐性。

8. 多样性原则

多样性原则是指用具最好包含多种颜色,形状分明,有助于儿童的语言发展和数学应用。

第二节　蒙台梭利感官教育及课程设计

教学目标

1. 学会操作蒙台梭利感官教具。
2. 掌握蒙台梭利感官教育的原则、内容。
3. 通过教学案例帮助学生了解中国化的蒙台梭利感官教育。
4. 掌握蒙台梭利感官教育的特点。

在蒙台梭利看来，感官教育不仅是高级心理行为发展的第一步，而且是个性发展的推动力，人的学习要经过感觉与知觉的过程，概念的形成要在感官教育的可操作性实践中进行。这就是蒙台梭利为什么把感官教育放在教育中的重要原因。

感官教育（感觉训练）在蒙台梭利的教育体系中占有很大的一部分，是其教学的非常重要的部分，因此，在她的《蒙台梭利教学法》一书中，就有 1/4 的内容是"感官教育"。从这一点可以看出感官教育在蒙台梭利教学法中所占的地位。蒙台梭利用了很长的篇幅来讨论感官教育训练以及运动训练、智力发展、纪律教育等。

根据蒙台梭利的观点，感官教育的首要目标是培养儿童的注意、比较、观察、判断等方面的能力，从而培养孩子感觉的灵敏、准确、简洁。蒙台梭利认为，学龄前的儿童正处于感官的敏感期，若在此期间没有适当的感官训练，不但成年后很难纠正，甚至会影响到他们的全面智力发育。所以，在儿童时期，对所有的感官的培养都是非常必要的。蒙台梭利还提出，感官是心灵之窗，在智力开发中起着举足轻重的作用，感官训练与智力发展有很大的联系。她相信，一个人的智能水平与其所受的教育密切相关，对其进行感官训练，就能及早地发现一些对智能发育有不利影响的问题，从而能及早地加以校正。

一、感官教育的含义

感官教育或感觉教育并不是指对感觉器官的训练，它的最终目的是促进儿童智能的发展。感觉是人脑对直接作用于感官的刺激物的个别属性的反应。感官教育是使儿童通过视觉、嗅觉、味觉、听觉及触觉等对各种外界刺激在大脑中形成感知觉经验，经由大脑的传递内化到个体的认知系统中，形成观念，理解、判断。简而言之，感官教育就是指感官能力的培养。

二、感官教育的意义

（一）感官教育能够帮助儿童概念形成

蒙台梭利深受赛根和伊塔教育理论的影响，特别是赛根所主张的"为了发展不完全的感官，可强化肌肉运动及神经、感觉器官，以开发其智能"，提出将儿童从感官教育导向"概念形成"的理念。

人类在认识过程中,从感性认识上升到理性认识,把所感知事物的共同本质特点抽象出来,加以概括,成为概念。"概念形成"就是"概念学习",因为人们对事物之所以能形成概念,都是要经过一段学习经历的。这段学习经历指的是对事物的形状、颜色、体积、质量等特质的辨别而获得认知的过程,这一历程毋庸置疑地离不开感觉。因此,从概念形成的观点来看,感觉的发展是概念形成的基础,视觉、听觉、嗅觉、味觉、触觉等一连串的感觉发展能够帮助儿童的概念形成。

(二)感官教育能够促进儿童高层次智能发展

蒙台梭利认为:"人的智能发展应该是有序的,而我通过学习总结了人的思想是从感觉转化为概念,再由各种概念产生联系,相互激发才会产生更高层次的智能。"也就是说,高层次智能的发展,必须以感觉发展为前提。通过布置一些能够刺激儿童各项官能发展的环境,对儿童进行感觉训练,能够促进儿童高层次智能的发展。

(三)感官教育能够提高儿童环境适应能力

儿童通过自己的感官,不断地从周围的环境中吸取对事物的印象,并将其内化为自己的个性,从而与周围的社会文化相适应。感官教育可帮助儿童在周围的环境中发现对他们的生命发展有好处的东西,并通过对这些东西的吸收,逐步进入社会文化的各种规则、法则与模式之中。换言之,接受过感官教育的儿童,对环境中的事物注意力较强,容易产生探索环境的兴趣、对世界文化的兴趣,这些均对其更好地适应社会文化环境起到了推进作用。

三、感官教育的原则

(一)循序渐进的原则

在蒙台梭利感官教育工作中,提倡儿童根据自己的能力和需要进行学习,不是强迫儿童,也不能"一刀切",要求一个进度。要按照儿童实际发展的能力,逐步加深学习的难度,使儿童能够熟练掌握感官工作。

(二)因材施教的原则

在蒙台梭利感官教育工作中,让儿童通过自己的兴趣去自由选择、独立操作,自我校正,努力把握自己和环境的关系。

(三)自我教育的原则

在蒙台梭利的感官教育教具中,都设有专门的错误控制系统,使儿童在操作过程中能按照教具的暗示进行"自我教育"。

(四)操作的顺序性原则

在蒙台梭利感官教育工作中,操作实物应该按照一定的顺序,即排列应该是从大到小,示范操作应该是从左到右,这样有利于儿童秩序感的形成。

（五）强烈的对比原则

在蒙台梭利感官教育工作中，介绍教具时应先操作有最强烈对比的教具，使儿童对其产生深刻印象。

（六）小组或个别指导的原则

在蒙台梭利感官教育工作中，重点在儿童如何体会这项教具的特性。所以，在工作中提倡小组教学或个别指导。

四、感官教育的内容

（一）视觉教育

（1）辨别物的大小、粗细、长短、高低、胖瘦。

具体说明：

- 以圆柱体及彩色圆柱体教导儿童辨别高低、胖瘦、大小。
- 以粉红塔教育儿童辨识大小。
- 以棕色梯教育儿童分辨粗细、厚薄。
- 以长棒教育儿童认识长短概念。

（2）认识颜色。

具体说明：以色板教育儿童学习颜色的种类、深浅。

（3）认识形状。

具体说明：

- 以几何图形平面组教育儿童认识各种平面几何图形，如圆形、三角形、四边形、多边形、不规则形。
- 以几何学立体组教育儿童认识基础几何体，如球体、椭圆体、蛋形体、正方体、长方体、圆柱体、三角体、四角椎体、圆锥体、三角锥体。
- 利用绿、黄、灰、蓝、红各类三角形，教育儿童进行更大的三角形、四边形或多边形的组合与分解。

综合上述特性的应用，指导儿童认识颜色、长度、面积、体积间的关系。以二项式、三项式来教育儿童分解与组合。

案例

1. 工作名称

插座圆柱体。

2. 教具构成

插座圆柱体有 A、B、C、D 四组，外形似木枕，上面有 10 个凹槽及连着小圆柄的 10 个圆柱，圆柱与槽的大小、高度遵循一定规则。

A组圆柱体粗细一定,直径约5.5cm,高度最高为5.5cm,以0.5cm递减,最低的为1cm。

B组圆柱体高度一定,高度约5.5cm,直径最粗为5.5cm,以0.5cm递减,最细的为1cm。

C组圆柱体高度和直径同时以0.5cm递减,高度由5.5cm到1cm,直径由5.5cm到1cm。

D组圆柱体高度以0.5cm递增,直径以0.5cm递减,高度由1cm到5.5cm,直径由5.5cm到1cm。

3. 工作前经验

已有三指捏木桩操作经验或2.5岁以上儿童。

4. 工作目的

(1) 直接目的:区分出物体的大小,并能较正确地说出"大的""小的",能将散放的圆柱体排序并放进对应的凹槽里。

(2) 间接目的:训练儿童对物体尺寸的辨别力,锻炼儿童手指灵活性,为书写练习做好准备。训练儿童从左至右的方向感,为学习数学中的一一对应做铺垫。

5. 工作步骤

名称练习:取出最大的、最小的放在前面,进行三段式教学法。

(1) 命名:触摸最大的,完全感知,放下,"这是最大的",让儿童来感知,然后按照同样的方法介绍最小的。

(2) 辨别:教师指最大的,问儿童:"这是最小的吗? 请把最大的拿给我,请把最大的藏起来。"

(3) 发音:教师指着最大的问:"这是最怎么样的?"将最大和最小的圆柱体放回原地,画半圆检查,竖向检查,结束工作。

配对:

(1) 取教具,介绍工作名称。

(2) 左手扶底座,右手三指捏圆柱体放在凹槽前,依次全部取出。

(3) 左手捏圆柱体,右手食指、中指感知该组变量并放下,如图3-1所示。

图3-1　插座圆柱体

(4) 右手食指逆时针描画凹槽。

(5) 用右手三指捏圆柱体送回凹槽里。

（6）双手食指画半圆检查。

（7）依次将剩下的送回，最后一个用小拇指画半圆检查。

（8）将底座竖起来，食指和中指竖向检查，结束工作。

排序：

（1）让儿童取来第一组插座圆柱体，放在桌子上。

（2）将插座圆柱体取出随意散放，通过视觉辨别找出最大的一个，放在桌子的左边。

（3）再从剩余的插座圆柱体中找出最大的一个，放在上一个的右侧，依次将其按照由大到小的顺序排好。

（4）将排列好的插座圆柱体一一放回凹槽中，结束工作。

6. 变化延伸

（1）指示棒的工作。

（2）儿童在进行视觉观察后，凭借记忆找出与凹槽相对应的圆柱体。

（3）在40个圆柱体中找出相同的5对。

（4）将家里的日用品（碗、杯子、拖鞋等）进行排序和配对。

（5）在插座圆柱体教具操作的基础上，认识并练习彩色圆柱体的工作。

7. 错误控制

圆柱体本身所具有的序列，与圆柱体一一对应的凹槽。

8. 注意事项

（1）插座圆柱体的工作是儿童第一次接触感官教具，教师在进行展示后要充分观察儿童的接受和使用情况，并为儿童提供足够的自由操作机会。

（2）如果儿童的语言表达能力较好，教师可教给儿童一些词汇：最大的、最小的、比较大的、比较小的等。

（二）触觉教育

1. 皮肤觉

教育儿童认识物的粗滑、质感。

具体说明：使用的教具有触觉板，教育儿童感觉粗滑分级的不同。使用布盒教育儿童辨别布的种类、花纹和质感。

案例

1. 工作名称

触觉板。

2. 教具构成

A板：木板1块，一半是贴有砂纸的粗糙面，另一半是木质的光滑面。

B板：木板1块，光滑与粗糙以间隔的方式呈现，粗糙程度相同。

C板：木板1块，光滑与粗糙以间隔的方式呈现，粗糙程度分五级递进。

D板：由五级粗糙面组成的木板,粗糙程度分五级递进,每2块成对,共5对,一共10块。

3. 工作前经验

3岁以上儿童。

4. 工作目的

(1) 直接目的:帮助儿童养成辨别粗滑的触觉感。

(2) 间接目的:培养手部肌肉连动的控制力和手眼动作的协调,作为学习书写的预备。

5. 工作步骤

(1) 介绍工作名称,取教具。

(2) 取第一组触觉板中粗糙的一块,左手按住触觉板,右手轻轻触摸粗糙面,(上下或左右)来回触摸数次,一边触摸一边说出摸的感觉,"粗糙的,这是粗糙的。宝宝你来摸摸看好吗?"出示字卡"粗糙"(字卡放在触觉板教具的右边)。

(3) 再取出一块比较光滑的触觉板,用同样的方法进行光滑面的触摸工作,一边触摸一边说出摸的感觉——"光滑的,这是光滑的。宝宝你来摸摸看好吗?"出示字卡"光滑"(字卡放在触觉板教具的右边)。

(4) 用同样的方法完成第三、第四、第五、第六块板面的触摸,同时出示"有点粗糙""比较粗糙""更粗""最粗"字卡。

(5) 三段式教学法。

(6) 反复触摸触觉板面,按照粗滑顺序排列。

(7) 收教具:先收字卡后收触觉板。

(8) 工作结束,送教具。

6. 变化延伸

(1) 操作布盒的工作,感知布的不同材质、粗糙程度的不同。

(2) 将生活中的实物进行"粗糙""光滑"的分类。

(3) 蒙眼做各种触觉板。

7. 错误控制

儿童触觉的辨别力。

8. 注意事项

(1) 在触摸时不超过界限,在触摸第二、第三块板面时用右手的食指与中指尖触摸。

(2) 触摸时不要用力过度,以免伤到皮肤。

(3) 操作该工作时可以让儿童用温水洗手。

2. 温度觉

教育儿童认识物的热、温、冷或冰。

具体说明:使用温觉瓶教育儿童对热、温、冷水的辨别。使用温觉板教育儿童识别物体本身给予的温、冰、凉等温度的差异。

案例

1. 工作名称

温觉板。

2. 教具构成

温觉板盒,内有大理石、铁、木、绒质板各2块。

3. 工作前经验

3.5岁以上儿童。

4. 工作目的

(1) 直接目的:辨别温度的差异,培养儿童对温度的感觉。

(2) 间接目的:发展儿童温度的分辨力,以及儿童的秩序感、专注力、协调性和独立性。

5. 工作步骤

(1) 介绍温觉板给儿童,并放在工作毯上。

(2) 打开盒盖,从分格栏中取出一块铁质板放在工作毯上。

(3) 用手掌触试(覆盖其上),体会感觉,轻声地说"冷的",排列在左边。

(4) 同样方法取出大理石、木、绒质板,体会感觉,排列好。

(5) 学习词汇"不太冷的""热的""不太热的"。

(6) 配对:

① 任意取出盒里的一块温觉板,触试;

② 触摸已排列好的温觉板;

③ 再次触摸未排列的温觉板,并将其与有相同触感的那块配对;

④ 同样方法配完所有温觉板。

(7) 检查:从"冷"开始进行触试。

(8) 分格同类收回,将教具送回工作架,收好工作毯并送回原处。

6. 变化延伸

按温差顺序排列。

7. 错误控制

儿童感觉的分辨力。

8. 注意事项

教师在进行触觉工作展示时一定要多与儿童互动。

3. 压觉

教育儿童认识物的轻重,所使用的教具是重量板,目的是教育儿童辨识重的、轻的物体。

案例

1. 工作名称

重量板。

2. 教具构成

10片原木色长方形12g,10片原木色长方形18g,10片原木色长方形24g。

3. 工作前经验

3～5岁儿童。

4. 工作目的

(1) 直接目的:培养儿童辨别重量的感觉。

(2) 间接目的:培养儿童的判断力。

5. 工作步骤

(1) 介绍工作名称,取重量板。

(2) 将取来的教具散放,让儿童戴眼罩,摊开手掌,教师将重量板放于儿童手掌上,让儿童感知轻重(可用两只手不断交换感知)。

(3) 能正确辨别后,缩减块数,也能正确辨别后结束工作。

6. 变化延伸

(1) 改变木板重量的配对方式,再进行配对的操作,也就是进行重量重的板与中等重量的板、中等重量的板与轻的重量板的配对操作,方法与上述示范的步骤相同。

(2) 等儿童熟悉分类练习后,依儿童的差异逐渐地增加木板的数量,最后把全部三种各10片木板一起进行单手辨别重量的练习。

(3) 认识表示重量的单位(适于5.5岁以上的儿童)。

7. 错误控制

感知与分辨轻重的过程。

8. 注意事项

教师在进行触觉工作展示时,一定要与儿童进行互动,共同感受,完成此项工作。

4. 实体认知的感觉

教育儿童认识物的大小、软硬、粗滑和形状等。所用的教具是神秘袋,让儿童不靠视觉全由触摸以得知物的属性。

(三)听觉教育

教育儿童辨别音的强弱、高低、种类(乐音的音色)。

具体说明:教具有听筒和音感钟。听筒又叫发声筒,用来教育儿童认识杂音(噪声)的强弱配对;音感钟让儿童认识乐音的高低。

案例

1. 工作名称

音感钟。

2. 教具构成

第一组钟的后座为原木色,称为操作组,由中央C开始,包括一个八度音程内所有的全音和半音所组成的13个音。

第二组为控制组,台座有黑、白两种颜色。白色代表由中央C开始一个八度音程内所有的全音;黑色则代表八度音程内所有的半音,主要由木质的击锤和止音棒、音感钟的键板、音名白键、升降音名黑键等组成。

3. 工作前经验

3. 5 岁以上儿童。

4. 工作目的

(1)直接目的:启发儿童对音乐的感受力。

(2)间接目的:感知和创造音乐,将动作与游戏、音乐相结合。

5. 工作步骤

(1)介绍工作名称,取教具,放置"音感钟"的方法:"音感钟"上有一个绿色的底板,将有黑白的地方放前面。白色的铃是控制铃,只有一个,放在白色底板的后面,白色的控制组放一排,原木色的"操作组"放在白色底板上。"音感钟"在正常情况下都应该放在绿色的底板上或架子上。

(2)随意取一个原木色的钟,一只手托着它的底部,很小心地拿到桌子上,再用木槌敲击钟,然后听,直到不能听到声音,教师和儿童轮流进行。

(3)"音感钟"的配对工作。

(4)按发出音的高低将配对钟排序,结束工作,送教具。

6. 变化延伸

结合实物和动作的音乐游戏。

7. 错误控制

音感。

8. 注意事项

在进行唱音时,如果儿童跑调,教师不要批评或指责儿童。

（四）味觉教育

教育儿童用舌头辨别甜、酸、苦、咸等味道,如图 3-2 所示。品尝酸、甜、苦、咸 4 种味道,这是舌头所能感觉的 4 种主要味道。

图 3-2　儿童用舌头辨别味道

图 3-2(续)

案例

1. 工作名称

味觉瓶。

2. 教具构成

8个棕色玻璃滴瓶。

3. 操作材料

味觉瓶(2瓶白水、2瓶盐水、2瓶糖水、2瓶白醋),装净水的水杯2个,装脏水的空杯子1个,小勺1个。

4. 工作前经验

3岁以上儿童。

5. 工作目的

(1) 直接目的:了解各种各样的味道,培养儿童辨别基本味觉的能力,体会味觉器官的存在及其作用。

(2) 间接目的:发展儿童味觉的敏锐性,为儿童分辨生活中不同的味道做准备。

6. 工作步骤

基本味道配对的操作方法如下。

(1) 介绍工作名称,取味觉瓶。

(2) 教师请儿童张嘴,滴一滴到儿童嘴里,品尝味道,命名"甜的"(咸的、酸的),漱口,再尝剩下的,直到配对完成。

(3) 收回,消毒。

7. 变化延伸

(1) 食物与味道联系在一起的练习。

(2) 制作有各种食物味道的溶液,让儿童分辨是哪一种食物,或者从不同容器中找出味道相同的食物(食物事先预备好),例如,"这个酸酸的是什么东西呢?"儿童回答:"这是橘子。"

(3) 为味觉瓶中的味道配文字卡片。

8. 错误控制

教师在味觉瓶底部贴的错误控制点。

9. 注意事项

注意卫生及安全问题。

（五）嗅觉教育

教育儿童用鼻子辨别香水、辣、咖啡、茶叶等的味道，如图3-3所示。

图 3-3 儿童用鼻子辨别味道

案例

1. 工作名称

嗅觉筒。

2. 教具构成

12个木质圆柱体（中空），原木色盒身，棕色盒盖。

3. 工作前经验

3.5 岁以上儿童。

4. 工作目的

（1）直接目的：感受不同的气味，并能将瓶内的气味进行正确地配对，培养儿童辨别各种气味的能力，同时感受嗅觉器官的存在及其作用。

（2）间接目的：体会气味与味觉之间的关联，为分辨生活中不同的气味做准备，发展儿童的秩序感、专注力、协调性和独立性。

5. 工作步骤

相同气味的圆筒配对的操作方法如下。

（1）介绍工作名称，取嗅觉筒。

（2）散放，打开第一个瓶子放在儿童鼻前，让其轻轻挥动手掌，"这是什么味道？""酸的""甜的"通过嗅觉从剩下的瓶子中找到相同味道的配对，依次将剩下的瓶子配对。

（3）给儿童反复练习的机会。

（4）练习完后，整理好嗅觉筒并放进木箱，再将教具送回。

6. 变化延伸

（1）将一箱6个嗅觉筒放在桌上，另一箱6个进行配对用的嗅觉筒放在另一张桌上（或散置房间中），找出与桌上相同气味的圆筒加以配对。

（2）在生活中寻找各种各样的气味。

（3）为嗅觉筒内的气味配文字卡或图片。

7. 错误控制

教师在嗅觉筒底部贴的错误控制点。

8. 注意事项

（1）木质的嗅觉筒会吸收气味，教师一旦将香水投放在瓶内就不能更换了。

（2）教师要选择生活中常能闻到的气味，如水果的气味。

五、感官教育的目的

（一）直接目的

从生物学角度来讲，0～3岁是儿童感觉的发育期，3～6岁是感觉的形成期。在这个时期，如果能够抓住时机，让儿童的感觉自然而然地发展起来，这将对儿童的全面的自我教育有很大的帮助。

（二）间接目的

从社会学角度来讲，人是一种群居动物，人很难脱离社会群体而独自生存。在早期给予儿童合适的感觉刺激，能让孩子对周围的环境有敏锐的洞察力，从而更好地适应当下及将来的生活。感官教育会提升儿童对周围事物的洞察能力。

1. 认识物性

了解事物的一些基本特性。凡是感觉层面上的事物，必须让儿童从五感入手，经过心灵的刺激，逐步而切实地获得深刻的印象。

2. 发展感官知觉

培养儿童的感觉的敏捷性。儿童期是感觉器官的敏感期，经过对感官的锻炼，可以让儿童的视觉、听觉、嗅觉、味觉、触觉都变得更加准确和灵敏，使儿童的认知、辨别等能力得到发展，从而形成分析、综合判断等更高层次的思维能力和行为基础。

3. 帮助形成概念

儿童通过操纵对象来识别和分类对象。当儿童参与感觉活动的时候，会立即与残留在身体记忆中的概念进行联系，使儿童将外界事物与语言进行联系，并对其进行加深理解，从而形成概念。

4. 建立逻辑思维基础能力

蒙台梭利教育的理论认为，儿童都有"有吸收性的心智"。2.5～3岁的儿童会在不知不觉中接收到很多的感官信息，如果不加以整理，就会造成模糊不清、杂乱无章。感觉训练可以帮助儿童将感觉进行归类、整合，并从一个具体的意象到一个抽象的概念。

5. 提高手、眼、心的自主性和协调性

蒙台梭利教育的教学工具都有一定的规律性，而这种规律性的特征，特别是在纠错中得到了进一步地加强。因此，儿童要想完成活动，需要以特定的次序行动。因为感官教学工具的自主性，儿童可以通过自己动手操作来培养自己的专注力、独立性和自信心。它和日常生活的训练是紧密联系在一起的，同时也是为阅读、写作和算术做准备。

六、感官教育的学习方法

所有儿童学的工作都需要由三段式教学法教学。三段式教学法是指命名、辨别、发音。这个教学方法一般只适用于不止两个物品的情况。

三段式教学方法的应用，一方面是为了让儿童更好地理解教具，另一方面也是为了让教师知道儿童能够掌握到什么程度，能够吸收到什么程度，以便实施训练方案。

三段式的教学方法在每个教具的导入中都要使用，同时也要使用到识字教育。在演示工具的过程中，要指导儿童如何将各种物品进行对比，从而获得正确的认识。例如，大一小、大一较大一最大、大一稍大一较大一很大一最大；小一稍小一较小一很小一最小。至于长一短、轻一重、粗一细、硬一软等，也是一步一步地做精确的认识。对每一个知觉层次的对象，都让儿童从五官的接触中一步步地到精神上的刺激，真正得到深刻的印象。

三段式教学的具体方法如下。

第一阶段：命名，认知本体（对象、名字）。其目标是在实体与名称之间建立一种联系。例如，一整套的糖果盒子，颜色各异，可由小到大，都是不错的教学材料。你可以用两只手捧着糖果盒子，对儿童说："这个盒子是黄色的。"一遍又一遍地重复，直至儿童明白了"名称"与"物体"的关系。

第二阶段：辨别，认出目标（名字，实体）。为了确定上一步的结果，你可以对儿童说："给我拿一个黄色糖盒来。"然后用期盼的目光望着儿童。如果儿童能从超过两种颜色的盒子里准确识别出黄色盒子，则说明儿童已经成功地完成了前两步。

第三阶段：发音，辨认相似之处（确定与区别）。当儿童知道了黄色糖果盒，并记住了它的名字时，你可以指着不同的类似物，问儿童："这叫什么？"孩子会回答"这叫黄色糖果盒"。如果他回答不上来，就让他重复一遍，直到他能回答为止，因为这是一种语言发展的过程。

三段式教学法给儿童带来了很多好处，可以让他们简单、清楚地将单词与已有的概念联系起来，特别是感官教学将极大地促进儿童的语言发展。

在使用三段式教学法时，要注意，现在的每个步骤都会影响到下一步的进展，因此一定要根据进度来进行。

七、感官教具的基本操作方法

感官教具的使用方式主要有配对、序列和分类。

配对就是在经过视觉的观察和判断后,从大量的事物中,找到相似性,从而形成匹配关系。这样不但可以让儿童学习一一对应,还可以加强"相等"的观念和思维。

序列即通过教具自身的特点,从细到粗、从粗到细、从小到大、从大到小的顺序。这一切都是相互的,按顺序让儿童学会分辨出大小和粗细等事物特征的区别。学习的过程中也锻炼了儿童的逻辑思维。

分类是指在一组事物之间,找出它们的不同点,并对它们的相似点进行归纳。培养儿童的思维、分类、归纳的能力。

八、感官教具的特征

(一)孤立性

蒙台梭利教育的教学工具,用意十分明显。如果儿童在同一时刻接收到过多的信息,那么原本想让儿童关注的对象就会变得模糊不清。所以,蒙台梭利教育的所有教学工具,都具有一定的孤立性质,以使儿童能把注意力集中在学习上。例如一根长棍,就是为了让儿童分辨出它的长度,所以它的形状、材料、色彩都是一样的,只有它的长度不同,这就是孤立性。

(二)错误控制

教具本身蕴含着一种自我教育的属性,可以让儿童利用自己的思维去判断、纠正自己的错误,从而实现教育的目的。因此,这个圆柱体与洞穴的尺寸应该正好吻合。最大的粉红色塔身,搭配最长的长棒,都具有这种特征。

(三)美观

教学用具要有漂亮的外形,如色彩、材料、形状等,才能引起儿童的关注,引发其兴趣和喜爱。让儿童主动地享受操作使用的过程。

(四)序列性

教学工具的制作必须遵循一定的顺序。例如,从细到粗的褐色梯子、从短到长的红色棒子、从小到大的粉色塔、从低到高或从细到粗的圆筒、从浅到深的颜色盘,这些都是有规律的。

(五)由简单到复杂

由简单至复杂,这是蒙台梭利教学法一贯奉行的教学宗旨。由于教学用具有层级,可以提高儿童的自信和独立性,儿童可以不依赖成人的帮助而自己完成活动。简明的教具只需看一眼教具便可大概了解操作的步骤,且课堂中设置的内容主题不宜过于繁复,以免分散了主题的兴趣。儿童在完成了简单的教学工具操作后,可以根据儿童的实际情况来选择较为复杂的教具。

（六）尺寸

教育的尺寸要符合儿童年龄的大小，可按照儿童的活动意愿，灵活、恰当地移动和回收。蒙台梭利很重视人的感觉能力，所以她设计的很多感官训练教具都考虑了儿童的感官互动，希望这些工具让儿童在将来能更好地进行思维和创造。但是也不能认为，有了蒙台梭利教育的全套教学工具，就可以实现蒙台梭利教育的教学目标，而是要把理论的教学精神融合进教学操作中，让儿童通过自己的经历，找到自己对教育和生活的理解。只有这样，教学才会更有创造性。

第三节　蒙台梭利语言教育及课程设计

蒙台梭利认为："语言是一面墙，把一群人围在墙里，与外面的人隔离开来。这可能是词语在人的头脑中有一种神秘作用的原因。它可以超越民族，把人们紧紧联系在一起。语言是人们之间的联络纽带。"因此，语言教育极为重要。蒙台梭利经过长期实践研究发现，0～6岁既是语言发展的敏感期，也是人一生中语言发展最为迅速的时期。儿童时期是人生的起始阶段，语言教育就应当开始。

一、蒙台梭利语言教育思想

（一）蒙台梭利语言教育的含义

语言既是思维工具和交际工具，也是思维的载体和表现形式。从形式上讲，语言包括口头语言、书面语言、体态语言、视觉语言和符号语言；从功能上讲，语言包括听、说、写、读4个部分。蒙台梭利语言教育主要围绕听、说、写、读4个方面展开。直接目的是激发儿童语文学习的兴趣，培养儿童的听、说、写、读能力，加强儿童的表达能力；间接目的在于开拓儿童的知识和文化领域，丰富儿童的精神世界，陶冶儿童的情操。

（二）蒙台梭利语言教育的意义

1. 有利于发展儿童的表达能力、交往能力

蒙台梭利认为："人类生活不像动物那样完全依赖本能。我们也无法预测一个婴儿将来会做什么。但有一点是无疑的，那就是如果不与他人交流，他几乎什么也做不成。仅是思考的力量还是远远不够的，仅是聪明也无法促进人与人之间的交流与协调。"因此，蒙台梭利根据儿童语言发展的特点与规律，设计了一系列科学、有效的语言教育方法，使儿童从依靠表情、动作与人交往，逐渐发展为用口语与人交往，提升表达能力与社会适应能力。

2. 有利于儿童认知能力的发展

语言与认知活动有密切关联，相互促进，共同发展。在掌握语言之前，儿童要认识一个物体的特征，就必须对该物体的各个部分和各个特征逐一进行详细的感知。在学习语言的过程中，儿童会自发地在接触的世界中寻找学过的、听过的词汇。当掌握了语言之后，儿童认知发生了质的变化，对环境的认识更加迅速，对自我和他人的认识更加清晰和

理性。因此,开展积极的语言教育能够促进儿童认知能力的发展。

3. 有利于儿童完善人格的形成

蒙台梭利认为:"儿童仅用一两个词来向我们表达某件事时,如果我们没有听懂,他们就会发脾气。"语言发展较好的儿童可以充分了解教师的意图并默契地用语言表达想法,形成对未知事物探索的积极性与主动性,养成做事的坚持性,发展完成工作的成就感。同时,语言表达能力较好的儿童将会更积极而主动地向他人表现自己、更好地与人交流、更好地进行情感转移,心理会更健康、情绪会更积极。因此,开展良好的语言教育能够促进儿童完善人格的形成。

4. 为儿童日后学习语文奠定基础

在0~6岁儿童语言发展的敏感期进行语言教育,可以激发儿童学习语言的兴趣、发展儿童的语言能力、培养儿童的语言习惯,能为其日后进行语文学习奠定良好的基础。

(三)蒙台梭利语言教育的内容

蒙台梭利语言教育是一种全语言课程,又称过程语言教育,包含广泛的内容并涉及整个教学环境。

1. 以"环境"为前提

蒙台梭利认为,儿童具有吸收性心智,语言教育不是自上而下的教授,而是要让儿童在有准备的语言环境中自然发展。因此,蒙台梭利为儿童创设了良好的听、说、写、读环境及自由、宽松的心理环境。在这种环境中,儿童产生自由表达的意愿、积极了解他人的想法、尽情享受交流的乐趣。

2. 以"听"为基础

听既是说的前提,也是语言理解与表达的基础。因此,要发展儿童的语言能力,首先必须培养儿童敏锐且精确的听觉。据此,蒙台梭利在语言教育中十分注重儿童"听"的练习及"倾听"习惯的培养。例如在肃静练习中,让儿童在安静的环境中聆听细微的、不同的声音;在感觉教育区设置听筒的工作,让儿童专注分辨声音的强弱变化等。

3. 以"说"为重点

蒙台梭利经过细致观察,总结出儿童语言学习的重点,包括语音的练习、语义的认知、语法的秩序、语言的流畅等。这些均靠平时多说,加以内化建构而成。基于此,蒙台梭利把儿童口语作为语言教育的重点,设计了大量口语训练的内容与方法,如呼吸练习、声调练习、名称的准确发音、语音盒、看图编故事等。

4. 为"写"做准备

蒙台梭利认为儿童在3.5~4.5岁会出现书写敏感期,这里的"书写"并不是成人那样的高级书写,而是低级或初级的书写准备,即运笔练习。据此,蒙台梭利为儿童设计了运笔练习教具,如金属嵌板等。此外,其他工作,如日常生活中的三指练习、插座圆柱体中"捏"的动作、砂纸数字板中的触摸练习等也是很好的书写准备练习。

5. 以"读"为难点

在蒙台梭利看来,阅读具有特别的意义。因为它有逻辑思维的参与,并且能促进逻辑思维的发展,阅读成为语言教育中的难点。据此,蒙台梭利设计了一系列由浅入深、由简单到复杂的阅读练习内容,如词汇的认识与理解、句意练习、图文阅读等。

（四）蒙台梭利语言教育的原则

1. 自发学习的原则

语言的发生与学习不应该是外在环境强加给儿童的，应是儿童自主获取的。蒙台梭利通过大量练习验证了这一原则。听、说、写、读的每一个环节都需要在自发练习的基础上给予引导与帮助，所以蒙台梭利教室里经常能够传来儿童自信的呼喊："我会写字了！我会拼读了！"这种"不教"的教育能帮助儿童获得十足的成就感。

2. 重视语言环境重要性的原则

蒙台梭利认为，儿童的语言在每一阶段都可能存在退化现象，具体表现为口吃、造句困难等，并认为造成语言缺陷的原因除生理原因外，更多的是环境的影响。例如，抚养者发音不正确，抚养者强硬的表达压抑了儿童语言的萌发，因此蒙台梭利在自己的教室里营造了一种敢说、敢于表达的语言环境，并要求教师教授正确的发音，给予及时的指导。

3. 语言练习的重要性原则

（1）安静练习。

这是一种听觉练习，适宜的刺激能够帮助儿童分辨声音。

（2）发音课程。

首先是对儿童进行正确的语言和清楚的听觉刺激，方法是由教师清晰地发出单词（特别是必须联系具体含义的名词）的音；当儿童能认出实物，即领悟到单词所代表的意义时，教师就反复进行这种刺激；最后，让儿童大声地重复这个词。

（3）书面语言练习。

语言的学习除了口语表达外，还有书面语言的学习。当儿童学习字母表中的单个字母或拼写单词时，要把它们放在书面语言的使用场景中，如某一文学作品中。

（4）体操练习。

体操练习包括呼吸练习和发音练习。

4. 运用科学方法进行观察记录的原则

蒙台梭利对儿童教育的研究来自她对儿童的观察和记录。通过记录，教师能够了解儿童的发展，开展个别化教学，实现自由教育。

5. 以感官教育为基础的原则

语言的发展同样离不开感官教育的基础。例如，砂纸字母板的触摸练习、拼字练习、阅读练习等需要听觉、视觉、触摸觉等多种感官的参与配合，只有这样，儿童才能获得进一步发展。

（五）蒙台梭利语言教育的特色

1. 以个别化教育为主

蒙台梭利认为，儿童教育要尊重个体需求。因此，在语言教育过程中，教师应当注意观察、捕捉每个儿童语言的敏感期，注意观察、记录每个儿童的语言发展情况，发现儿童语言发展的个体差异，制定个性化教育方案，使每位儿童都能够得到适宜的发展。此外，出于活动需要及儿童社会性发展需要，适当的团体活动、小组活动也不可避免。

2. 注重语言、语调、文字应用并进

语言教育注重培养儿童的人际交往能力,沟通是交往的前提与基础。沟通是指运用语言(口头语、书面语)、文字或一些特定的非语言行为,如语调、语气、脸部表情、肢体动作等,把信息、思想和情感在个人或群体间传递,顺利达成各种不同目的的过程。因此,蒙台梭利语言教育在强调口语、书面语练习的同时,十分注重语调及文字应用能力的培养。

3. 认为书写先于阅读

蒙台梭利认为:"写是自己意识的表达,经由手、符号及写 3 个步骤产生,读却要先了解别人要传达的意念,过程需要眼睛、符号、智慧、读及逻辑思考 5 个步骤的结合。"显然,控制自我意识比理解别人的意念容易得多。此外,蒙台梭利认为,在儿童教育阶段,"写"属于机械动作,"读"属于心智活动,所以书写先于阅读。

4. 赞同双语教育

蒙台梭利认为:"成人要想学一门新语言的话,就一定会带有外国人说话时的不完善的口音。只有 7 岁以下的儿童可以同时学习几门语言,并且接受和重视所有的腔调和发音的方式。"因此,要学习语言,年龄越小越好,尤其是学习母语外的第二种语言,有利于培养儿童良好的语音语感和对外语的兴趣,为儿童今后的外语学习打下良好的基础。因此,蒙台梭利十分赞同对儿童实施双语教育。

5. 重视感官与操作

蒙台梭利教育的核心思想是给儿童提供"有准备的环境"。教室里的物质环境实际上就是教育理念的一种物化,是促进教师与儿童互动的物质媒介。蒙台梭利基于观察与实践基础,设计了丰富的语言教具,如金属嵌板、活动字母箱等,让儿童在看看、摸摸、动动中习得良好的语言能力。

6. 实施全语言教育

蒙台梭利语言教育是一种全语言教育,主张儿童语言的学习应完全与生活融为一体,强调让儿童在自然情景中有意义地使用语言,使听、说、写、读融为一体。因此,在蒙台梭利教室中,语言不仅被视为五大基本课程领域之一,还渗透到其他各个领域之中。通过各领域的学习,儿童的词汇量得以丰富。同时,通过各领域的学习,儿童听、说、写、读能力得到发展,如日常生活练习发展了儿童动作的控制力和手眼协调能力;感觉教育发展了儿童听觉与视觉的辨别能力;数学教育将儿童引入一个运用语言来表达思想的世界,培养了儿童的逻辑思维能力;科学文化教育使儿童感受到文字与文化的魅力。此外,蒙台梭利还将语言教育渗透于一日生活之中,为儿童提供充分的语言交流机会。在全语言教育环境中,儿童的语言能力得到极大的增强。

二、蒙台梭利语言教育的课程设计

(一)听力训练

1. 静默游戏

1)阶段一

(1)操作材料

哨子。

（2）工作前经验

2.5 岁以上儿童。

（3）工作目的

① 直接目的:使儿童学会安静,养成认真倾听的习惯。

② 间接目的:培养儿童为达到宁静所必需的人际协调能力。

（4）工作步骤

① 介绍工作名称。教师让自己的头(或者手、脚等,自己认为最轻松、最容易开始的部位)不动,让儿童注意观察并模仿:自然放松身体,保持全身静止不动数秒。

② 儿童练习,注意给其明确的开始和结束的信息。例如,教师吹响哨子时开始,身体必须保持不动,当教师弹指就表示结束。

③ 按照约定的信息让儿童重复练习,在此过程中教师也必须和儿童一样保持静止不动。

④ 更换不同的身体部位,同步骤(1)至步骤(3)的方式继续进行。

⑤ 根据儿童的兴趣及能保持肃静的耐力,变换不同的身体部位,最后练习全身不动并且逐渐加长静止的时间。

⑥ 工作结束。

（5）变化延伸

① 与儿童进行带有肢体名称的儿歌律动,以加强儿童对肢体的意识和控制,了解自己身体的各个部位名称。如《脖子肩膀膝盖脚》《我的身体有什么》等歌曲。

② 123 木头人的团体游戏活动,帮助儿童练习控制不动一段时间。

③ 模仿布偶:让儿童模仿他喜爱的布偶,儿童控制不动的时间及模仿的深刻性会随着年龄的增长有很大差异。

（6）错误控制

儿童相应的身体部位动了。

（7）注意事项

静默活动能让儿童意识自己的肢体,并以不同于平常的方式——"静止"来控制肢体,若发现儿童尚无法完成上述活动,不必勉强,这表示儿童还需要更多身体动作的练习。

2）阶段二

（1）工作前经验

经过阶段一的活动,已经可以创造一段寂静的时光,环境中的声音就显得格外清晰。

（2）工作目的

① 直接目的:使儿童体会安静,认识自己和环境的关系。

② 间接目的:发展辨别环境声音的感官敏感度。

（3）工作步骤

① 介绍工作名称。

② 教师给出开始信息,让儿童自然放松身体,保持全身静止不动数秒。

③ 儿童闭上眼睛,然后注意听见什么声音,并告诉儿童等你的指令后再张开眼睛。

④ 邀请多位儿童安静闭眼倾听。

⑤ 给出结束信息，让儿童张开眼睛。

⑥ 儿童彼此分享刚才听到的声音。

⑦ 工作结束。

（4）变化延伸

① 上述活动的同时，可介绍乐器，让儿童先听一段音乐，然后从中找出他所认识的乐器。

② 儿童到户外从事上述活动，再和儿童一起分享听到的声音，如鸟叫声、海浪声等。当儿童能够确定聆听大自然的声音后，可以一起寻找声源，培养儿童成为自然观察者。

3）阶段三

（1）工作前经验

儿童已经能控制自己的意志进入安静，并敏锐感知环境中的声音。

（2）工作步骤

① 介绍工作名称。

② 让儿童坐下来，儿童静坐不动。

③ 轻唤儿童的名字，当儿童听到自己的名字后，再以最安静的移动方式，走到教师的身边。

④ 走到离儿童有一段距离的地方（多次练习后，甚至可以在门边或隔壁房间），轻唤儿童的名字，然后等待儿童安静地走向教师。

⑤ 呼唤所有参与此次活动的儿童名字。

⑥ 工作结束。

（3）注意事项

① 在进行此阶段的集体练习时，更能看出儿童自我控制的能力，宜先邀请较不能久坐的儿童到你的身边，才能让所有儿童都能经历成功。

② 每个阶段需练习多久才能进行下一个阶段，不同的儿童会有相当大的差异。另外，即使已经练习至第三阶段，仍可以再进行第一、二阶段。

2. 传话游戏（见图 3-4）

（1）操作材料

根据活动的开展，可添加不同教具。

图 3-4　传话游戏

（2）工作前经验

儿童事先对游戏规则有所了解。

（3）工作目的

① 直接目的：培养儿童明白倾听的含义，学会听别人讲话。

② 间接目的：培养儿童养成良好的倾听习惯。

（4）工作步骤

① 介绍工作名称，组织取教具。

② 儿童坐成一排，开始游戏。

③ 教师将一句简短的话清晰地表达给坐在第一位的儿童。

④ 儿童将自己听到的话依次传给下个儿童。

⑤ 最后的儿童将自己听到的话大声地说出来。

⑥ 工作结束，还原座椅。

（5）变化延伸

① 改变传递的文字内容，从儿童熟悉的到稍微陌生的。

② 延长传递句子的长度，增加游戏的难度。

③ 制作小电话，体验动手的乐趣。

（6）错误控制

传话内容是否一致。

（7）注意事项

① 传话需吐字清晰，受话者听不清时，传话者再说一遍，直至听清。

② 传话声音要低，只需受话者一人听到即可。

（二）口语训练

1. 发音游戏

（1）操作材料

生活中常见的各种物品。

（2）工作前经验

儿童有声母和韵母的基本知识。

（3）工作目的

① 直接目的：练习儿童的发音。

② 间接目的：培养儿童的表达兴趣，提高口语能力。

（4）工作步骤

① 告诉儿童今天要参观我们的室内和室外环境，请排好队。当教师的手指到某样物品的时候，说出它是以什么音开头的。

② 教师带领儿童从教室一头开始，教师指向窗台的花盆说："谁能告诉我这是什么，它的首字母发音是什么。"

③ 用相同方法，继续进行游戏。

（5）变化延伸

① 灵活改变指认的物品，如楼梯、门窗、跷跷板等，保持儿童对游戏的兴趣。

② 利用单音编故事："超市有很多好吃的好玩的，我最喜欢 p（出示 p 的卡片）。"让儿童说出以声母 p 开头的字或词，如苹果。

（6）错误控制

儿童的辨音意识。

（7）注意事项

① 教师指认的物品需要是儿童知道名称的。

② 对于儿童的回答不要强制性纠错，尊重儿童的回答。

2. 实物描述

（1）操作材料

生活中常见的各种物品。

（2）工作前经验

3 岁以上儿童。

（3）工作目的

① 直接目的：培养儿童的观察能力及语言表达能力。

② 间接目的：训练儿童对物体外形进行描述。

（4）工作步骤

① 介绍工作名称。

② 出示苹果，儿童拿着苹果，引导他们看一看、摸一摸、闻一闻、尝一尝等。

③ 提问"这是什么水果？它是什么样了？什么味道？咬起来什么感觉？"

④ 儿童按照老师的提问对水果的形状进行描述。例如："这是苹果""这个苹果是红色的""苹果咬上去脆脆的、甜甜的"。

⑤ 工作结束，收教具。

（5）变化延伸

神秘袋游戏。

（6）错误控制

教师在旁观察指导。

（7）注意事项

注重儿童感知和表达的过程，不要一味纠正儿童的回答。

3. 续编故事结尾

（1）操作材料

选择一个故事的开头（可以有多个结尾的故事）。

（2）工作前经验

4～5 岁儿童。

（3）工作目的

① 直接目的：训练儿童的发散思维能力。

② 间接目的：提高儿童的语言组织能力，培养儿童表达的兴趣。

（4）工作步骤

① 儿童和教师围坐在一起，倾听教师讲故事。

② 教师讲故事的前半部分，让儿童续编故事的结尾。

③ 对创编结尾较好的儿童给予奖励，创编不合理的地方及时引导启发。

森林里正在举行运动大会，大象、长颈鹿、猴子、老虎、狮子全都来参加比赛。他们通过了一道又一道的难关。可是，在快到终点的时候有一道又高又大的门拦住了动物们的去路。怎样才能越过这道大门到达终点呢？动物们个个开动脑筋，终于想出了通过大门的好办法。他们究竟想出什么好办法呢？

（5）变化延伸

① 进行其他故事的创编。

② 根据创编的故事情节制作连环画。

③ 根据故事情节，让儿童模仿故事角色，开展表演活动。

（6）错误控制

教师在旁观察指导。

（7）注意事项

让儿童了解各种动物的外形特征，丰富儿童关于动物的知识。

（三）认字阅读

阅读是儿童能力发展的重要方面，是儿童获取生活经验的重要途径，蒙台梭利阅读通过图文结合的方式，营造一个轻松有趣的阅读环境，让儿童尽情发挥创造力、想象力。认字是阅读的基础，蒙台梭利让儿童用手指触摸字形，利用这种预备写字的方法进行儿童书写的间接练习，提高儿童对字母的感觉。

1. 砂纸字母表

（1）操作材料

砂纸字母表。

（2）工作前经验

3～5 岁儿童。

（3）工作目的

① 直接目的：使儿童了解字母的形状并认识它们。

② 间接目的：培养儿童对"字母"的感觉，为儿童的书写练习做准备。

（4）工作步骤

① 介绍工作名称，取教具。

② 取出两个形状和发音有明显差别的字母，放在儿童面前的桌上，如图 3-5 所示。例如，b 和 n。

③ 让儿童用食指临摹砂纸字母，并且告诉儿童字母的发音。

④ 对出示的两个字母使用"三段式教学法"。

⑤ 对儿童解释单词都是由这些字母组成的，同时列举一些含有这种字母的单词。

⑥ 在儿童熟悉了字母的发音之后，教师可以说："当我读 belt 的时候，你能听出 b 这

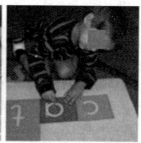

图 3-5　砂纸字母表

个发音吗?"对字母 n 可以采用同样的方法。

⑦ 使用上述程序进行其余字母的教学。当儿童适应了这项练习,可以给他更多的字母,但同样是一次两个字母。

⑧ 收教具。

⑨ 工作结束,送教具。

(5) 变化延伸

① 儿童词汇量增加后,教师可说出如字母 a,让儿童说出含有字母 a 的词语。

② 利用字母表中的字母,通过不同组合拼单词。

③ 教师可选择生活中常见的物品,让儿童根据发音说出该物品的单词含有的字母。

④ 配合图片索引盒开展工作。

(6) 错误控制

儿童的辨音能力。

(7) 注意事项

① 确定儿童临摹字母的顺序是正确的书写顺序。

② 紧紧跟随字母表,可以先使用靠前的和靠后的字母。

③ 教授给儿童的是字母的发音而不是字母的名称。

④ 在儿童能够书写或阅读之前,必须使其熟悉字母表。

⑤ 仅仅看字母是不够的,儿童必须接触这些字母并实实在在地"感觉"它们。

2. 活动字母箱

1) 教具构成

蒙台梭利专用教具活动字母箱的构成如下。

(1) 一个大的木制盒子,中间被分成若干个小的方格,每个方格内都摆放着不同的英文字母。

(2) 字母可以用木片、硬的卡纸或塑料制成。

(3) 元音字母用一种颜色表示,辅音字母用另一种颜色表示。

2) 工作前经验

4 岁以上儿童。

3) 工作目的

(1) 直接目的:指导儿童开始分析单词,为阅读、书写和拼写做好准备。

（2）间接目的：儿童意识到单词发音的连贯性；让儿童尽可能地进行独立工作。

4）工作步骤

（1）字母的认知练习

① 介绍工作名称，取教具。

② 把大的活动字母箱放在工作毯的左侧，将盒盖翻开，放在盒子下面。

③ 将字母放在书写板上，展示字母在书写板上的位置。

④ 帮助儿童将字母和砂纸字母板之间建立联系（也就是将字母和它的发音建立联系）。教师出示活动字母箱中的一个字母，让儿童找到对应的砂纸字母板。

⑤ 教师通过游戏的方式，让儿童逐渐熟悉活动字母箱内的各个字母，给儿童提供发音，让儿童找出相对应的字母。

⑥ 当儿童能够熟练地根据发音找出对应的字母的时候，教师可以告诉儿童，现在可以进行听音组词的练习。

⑦ 这项练习可以重复多次，直到确信儿童可以单独进行此项练习。

（2）基本操作 1

① 选择一组物体（分别代表由 3 个发音的字母组成的名词）。

② 将该组物体依次垂直摆放在活动字母箱的右侧，并且分别给出它们的发音。

③ 根据教师的发音，儿童找到相对应的字母，组成单词。

④ 组成的单词摆放在对应物体的右边（教师给予必要的帮助）。

⑤ 所有的物体都配上正确的单词。

⑥ 收拾教具，要先把物体收回到字母箱中。收字母的时候，从左上方第一个字母开始，找到所有相同的字母，一起放回字母箱中正确的位置，同样的方法，按照从左到右的顺序，将所有的字母收回字母箱。

⑦ 工作结束，送教具。

（3）基本操作 2

操作过程与基本操作 1 大致相同，区别在于：将一组物体换成一组图片（分别代表由 3 个发音的字母组成的名词）。

（4）基本操作 3

操作过程同基本操作 1。区别在于：将一组图片（分别代表由 3 个发音的字母组成的名词）替换成一组物体（分别代表由 4 个或更多的发音的字母组成的名词）。

（5）基本操作 4

操作过程同基本操作 1。区别在于：将一组图片（分别代表由 3 个发音的字母组成的名词）替换成另一组图片（分别代表由 4 个或更多发音的字母组成的名词）。

5）变化延伸

（1）给儿童提供小的纸条，鼓励儿童在组完单词之后，将组成的单词抄写下来。

（2）鼓励儿童用活动字母箱中的字母自由地组词。当儿童的能力达到一定的程度后，鼓励儿童用字母拼写短语或句子，甚至简短的故事。

6）错误控制

教师的观察纠正。

7) 注意事项

（1）当儿童对操作中所使用的物体或卡片名称都非常熟悉且能正确拿取字母时，可以让儿童试着独立工作。

（2）这是拼写练习，而不是阅读练习。因此，儿童组成单词后，不必要求儿童再重新认读所组成的单词，因为阅读和组词是完全不同的过程。

（3）仔细观察儿童在组词中所犯的错误，针对不同的错误，制定相应的指导方案，给予儿童相应的帮助。

（4）当儿童熟悉砂纸字母板中的每个字母的发音时，可以进行听音组词的练习。

3. 姓名三步卡

（1）教具构成

控制卡：由儿童的照片和姓名构成。

图片卡：由儿童的照片构成。

名称卡：由儿童的姓名构成。

姓名三步卡的样例，如图3-6所示。

图 3-6　姓名三步卡

（2）工作前经验

3岁以上儿童。

（3）工作目的

① 直接目的：认识自己与同伴的姓名。

② 间接目的：建立识字经验，为阅读做准备。

（4）工作步骤

① 介绍工作名称，取教具。

② 将控制卡从左至右、从上至下在工作毯左上方排列，一边放一边念出每一张卡片上的姓名。

③ 把图片卡分发给儿童，让儿童进行图片卡与控制卡的配对。

④ 取出名称卡，分发给儿童，让他们配对，并念出卡片上的姓名。

⑤ 进行三段式教学。

⑥ 拿走控制卡，打乱图片与名称的顺序，重新配对。

⑦ 全部认读完毕，请儿童拿名称卡与本人的配对。

⑧ 工作结束，收教具。

（5）变化延伸

① 制作班级成员的小名册。

② 利用三步卡的形式开展其他语言活动。

（6）错误控制

视觉辨别。

（7）注意事项

教师应让儿童参与姓名三步卡的制作过程。

（四）运笔练习

儿童写字需要具备：手的小肌肉群已成熟到一定程度、大脑控制手的精细动作到一定程度、手眼较好和协调能力以及一定的模仿动作的能力等条件。

1. 铁质几何嵌板

（1）操作材料

① 铁质嵌板分两组，分别由 5 个曲线型图形和 5 个直线型图形组成，它们被放在 2 个基座上。

② 一个中等大的托盘，夹有纸张的纸夹，装有彩色铅笔的彩色笔筒、笔座。

（2）工作前经验

3.5 岁以上儿童。

（3）工作目的

① 直接目的：学习正确握笔姿势和坐姿；培养秩序感、专注力、协调性和独立性。

② 间接目的：掌握各种不同形状的名称；培养美感；培养手眼协调能力。

（4）工作步骤

① 介绍工作名称。

② 优选 3 支彩色铅笔，放在笔座上，笔尖向外，把托盘拿到桌子上。

③ 从托盘里拿出纸放在桌子上，把圆形嵌板的外框放在纸的中央。

④ 拿起铅笔，向儿童示范正确的握笔姿势。

⑤ 教师左手按住圆形嵌板的外框，从外框上"九点"的标注位置起笔，顺时针方向描画一圈，如图 3-7 所示。

图 3-7　铁质几何嵌板

⑥ 使用"三段式教学法"介绍这个几何图形。

⑦ 拿起圆形嵌板放在画好的轮廓上，取另一支彩色铅笔沿嵌板描画。

⑧ 取用另一种颜色的铅笔，描绘两个图形中间的位置。

⑨ 将描绘完的图形放到个人纸张作业箱中。

⑩ 收教具：先收铅笔，后收嵌板。

⑪ 工作结束,送教具。

（5）变化延伸

① 运用正方形、椭圆形等其他形状嵌板进行练习。

② 用彩色笔沿着画好的圆形线条描摹,填充圆形轮廓。

③ 组合运用不同形状的嵌板进行练习。例如,可以将圆形组合在一起绘制成毛毛虫等。

④ 熟练运用嵌板框。

⑤ 运用不同的颜色或者图形、线条填充在图形内部,绘制花样图形,发展儿童的创造力。

⑥ 将描绘好的作品收集整理,装订起来,制作铁质嵌板小册子。

（6）错误控制

教师在旁观察、判断。

（7）注意事项

① 对于刚学书写的儿童来说,采用正确的握笔姿势比较难,教师可以允许儿童用自己的方法进行操作。

② 在第一次操作时,可以用黑色的铅笔,以便使图形突出。

③ 铁质嵌板内部比框架难,一般从框架开始操作。

④ 儿童运笔能力增强后,教师可以引导他们练习一笔画完一个简单的图案。

2. 笔画砂纸板

（1）操作材料

笔画砂纸板盒,其中含有横、横折、横勾等。

（2）工作前经验

3～5 岁儿童。

（3）工作目的

① 直接目的:学习汉字笔画的发音和书写。

② 间接目的:为以后写汉字打下基础。

（4）工作步骤

① 准备好教具,介绍要做笔画砂纸板的工作。

② 轻轻取出"横"的那块砂纸板,左手按住砂纸板的边缘,右手食指中指并拢,沿着正确笔顺描绘,一边描绘一边说"横、横",如此反复 2～3 次。

③ 把砂纸板放在儿童面前,说:"你想试试看吗?"让儿童用手指描一次。

④ 同样方法展示其他笔画的书写。

⑤ 工作完后,儿童收拾好教具并归位。

（5）变化延伸

鼓励儿童用学习的笔画组成汉字,如"大""人""十"等。当儿童能力达到一定程度后,鼓励儿童自由地组词。

（6）错误控制

起笔和落笔的位置。

（7）注意事项

写字口诀——八个基本笔画如下。

小小一点要点好，学会顿笔很重要；横要平，竖要直，撇有锋，捺有脚；

提钩要尖折有角，行笔轻快要记牢；认真练习功夫到，笔画健美字才好。

注意观察儿童有没有按照正确的方式临摹、书写。

第四节　蒙台梭利数学教育及课程设计

数学教育是蒙台梭利教育中最经典和最令人称颂的部分。蒙台梭利认为，幼儿数学逻辑能力的萌芽出现在秩序感敏感期内。如果成人能抓住时机，针对此阶段幼儿的学习需求，给予适当刺激，幼儿的数学能力会得到迅速发展。

一、蒙台梭利数学教育思想

（一）蒙台梭利数学教育理论基础

1. 数学心智

蒙台梭利认为，人天性中具有追求秩序与精密的心智，这种心智称为数学心智。数学心智表现为人对秩序与精确的自然要求，表现为人对环境之中秩序与精确的本能吸收。数学心智发展好的儿童在做事中会呈现出对秩序和精确的自然倾向与习惯。当这种行为习惯内化成儿童的性格时，儿童的性格就会更加和谐而圆满。因此，儿童数学心智的培养极为重要。

2. 数学敏感期

蒙台梭利发现幼儿从出生后几个月到 3 岁出现秩序感敏感期。处于秩序感敏感期的幼儿不仅对环境的秩序具有独特的敏感力，还对事物之间的配对、分类和排列顺序表现出特殊兴趣，对图形、数字等表现出强烈的学习愿望。因此，幼儿时期是培养儿童数学心智，发展儿童数学能力的最佳时期。

3. 数学教育方法

蒙台梭利认为："令儿童觉得学习数学困难的原因，并不是数学抽象的问题，而是成人提供的方法问题。"她认为，面对"数学"这种纯抽象概念的知识，让儿童觉得容易学习的唯一方法就是将抽象转化为形象，即以具体、简单的实物为起点，让儿童在动手操作中先了解实物的多少、大小，再自然而然地联想出具体与抽象之间的关系。基于此，蒙台梭利数学教育不再是单纯教儿童学习"数"，而是为儿童提供生活中常见的事物作为素材和教具，对其实施感觉教育，通过配对、排序、分类等发展分析、综合能力，再通过数学教育增强逻辑思维能力。

（二）蒙台梭利数学教育的含义

蒙台梭利数学教育是指以感觉教育为基础，以蒙台梭利数学教具为媒介，对幼儿实施的算术教学活动。具体内容包括 1~10 的认识、单位名称介绍、连续数、计算与记忆、分数、平方、立方概念等。直接目的在于通过幼儿的生活经验,让幼儿熟悉数字、数量、图形,建立相关的抽象概念,明白它们之间的逻辑关系。间接目的在于通过数学教育,发展幼儿的数理逻辑智能,增强幼儿对人类文化的吸收和学习,提高幼儿的整体素质,促进幼儿完美人格的发展。

(三)蒙台梭利数学教育的特色

1. 教育系统化

蒙台梭利认为,数学应该是一连串的逻辑性思考与串联,经过比较、分类和归纳,找出其间的相关性,借助计算方法得到正确答案。基于此,蒙台梭利根据儿童的身心发展特点,建立一套由简单到复杂、由具体到抽象的数学教育体系,这是传统数学教育无法比拟的。

(1)从日常生活导入

蒙台梭利数学教育打破了传统数学教学中单纯教儿童学习"数"的方法,主张通过日常生活练习,激发和培养儿童的秩序感、专注力、判断力、手眼协调能力及独立思考能力,使儿童的一些内在特质得以发展。事实证明,这些内在特质是儿童在初学数学时的必备条件。此外,蒙台梭利还主张利用儿童的生活经验,让其在生活与操作中熟悉数字、数量、图形,建立起相关的抽象概念,明白它们之间的逻辑关系,这些均为儿童之后的数学学习打下基础。

(2)以感觉教育为基础

蒙台梭利认为,现实生活中,环绕在儿童周围的事物数不胜数,但对这些事物来说,共同的属性(大小、形状、颜色、重量……)却是有限的。对自然界万事万物共同属性的认识,是对儿童进行数学教育的基础,因为它们是认识数量前未被数值化的量。因此,数学教育应当以感觉教育为基础。此外,配对(P)、分级(G)、分类(S)能力是一个人进行逻辑思维的基础,可协助儿童提高对数学的分析、归纳、综合等抽象思维能力及敏锐的观察力。因此,蒙台梭利将感觉教育的方法 P、G、S 作为数学概念的引导。

(3)完整的课程体系

蒙台梭利数学课程设计与教学活动都遵循科学的逻辑流程。首先,从"数量"概念着手,引导儿童直观地比较数量的大小,感知每一个量都代表一个集合,然后才进行分离量的认识,这是传统数学教育无法实现的。另外,蒙台梭利十分重视儿童"0"的概念形成,值得我们借鉴。其次,以十进位法为中心,引导儿童进行十进位法的演算。最后,进入使用记忆的四则运算。在数学教育过程中,教师将"数量""数词""数字"三者紧密结合,按照数学体系反复、细心地进行系统指导。

2. 方法具体化

传统数学教育多采用讲授法,没有专门的教具。蒙台梭利主张将抽象转化为形象来降低数学学习的难度,设计了专门的数学教具。蒙台梭利数学教具的设计不仅关注特定教育目标,而且处处注意细节:如使用阿拉伯数字并统一字体;为表示定位或进行数量的心算,在教具的数字和量上,运用"颜色"归类的法则;将合成、分解的操作基准确定为"10"等。

此外,生物学家的实验结果证明,语言有助于逻辑思考,这是教学上不可忽视的一环。数学教育要做到"抽象事物的具体化",更需要借助语言的指导。因此,蒙台梭利主张教师在进行数学教具提示时,必须用形象、简洁、易于理解的数学语言进行"名称练习",协助儿童掌握基础的数学概念、理解数学语言、培养良好的思维方式。

3. 评价主体多元化

与感觉教具一样,蒙台梭利数学教具同样具有错误订正功能,儿童在习得基本方法后,可以通过独立操作,轻松获得相关感性经验,理解、建构数学概念,同时在操作后进行自我检查,实现自我教育。因此,在蒙台梭利数学教育中,儿童和教师成为评价主体,是以教师为评价主体的传统数学教育无法相比的。

(四) 蒙台梭利数学教具的特色

1. 教具设计体现调和性、趣味性、科学性及系统性

蒙台梭利设计教具时,注意让教具的外观具有调和性:一方面要求颜色对比,例如,数棒是红蓝相间,大数字卡片用绿色、蓝色、红色、绿色来区分个位、十位、百位、千位;另一方面用颜色加强教具的趣味性,如色彩缤纷的串珠等。当然,最重要的是蒙台梭利教具都是按精确的尺寸、根据系统的数学教育内容设计制造的,这就使数学教具的科学性增加,如数棒,粗细一样,长度从 10～100cm 以 10cm 为单位递增。此外,蒙台梭利根据数学心理发展特点设计数学教具,使教具更具系统性。首先,通过感觉教具进行感知运算阶段的心理培养,接着利用可操作的数学教具进行反复练习,培养儿童对数学概念的认知,然后结合实物性的教具进行具体数的运算。最后,儿童的思维发展到一定阶段,便能脱离实物教具进行抽象运算。

2. 以配对、序列、分类为基础

培养儿童的数概念,不只是教他们将数词正确无误地念唱出来。实际上,儿童掌握初步的数概念需要经过由具体到抽象、由感性到理性的一般认识发展过程。儿童掌握初步的数概念。首先要从具体感性出发,就是要从接触具体的事物开始,从亲自摆弄、触摸中获得有关物体数量方面的感性经验开始。蒙台梭利研究数学教育时,非常关注这一点。所以,她的数学教育不仅要在操作感觉教具时进行充分的配对、序列、分类概念的练习,而且在数学教具的制作中融入配对、序列、分类的概念,为培养儿童初步的数概念做好充分准备。

3. 注重数量、数字、数词三者之间的关系

蒙台梭利认为数学教育一定要由数量着手,通过数字—数量—数词结合的教育过程,让儿童逐渐理解数量、数字、数词三者之间的关系。她强调指导儿童认识数要由基数入门,先了解基数再进一步引入序数的概念。

4. 利用阿拉伯数字法记忆数字

阿拉伯数字比罗马数字或希伯来数字更方便使用,因为阿拉伯数字可以用少数的符号表现出无限的量。蒙台梭利数学教育利用阿拉伯数字法计数,不仅可以发挥阿拉伯计数法的科学性,而且使蒙台梭利数学教育有一种世界的共通性。

5. 重视"0"的概念与十进位法

蒙台梭利认为只有建立"0"的概念及十进位的概念,才真正算是形成了数学概念。因此,蒙台梭利特别注意在制作教具时,将"0"的概念与十进位的概念融入其中。例如,纺锤棒箱的工作就是专门设计让儿童掌握"0"的概念,金色串珠、邮票游戏是专门用于儿童学习十进位概念。

6. 基本计算概念贯穿教具始终

阿拉伯数字因为可以按照定位计数,不但有"记录数字"的好处,也有"计算数字"的优点。因此,阿拉伯数字不但可以用来演算加法、减法、乘法、除法,也可用在十进法及定位。所以,只要把握住基本的演算,不论几位的数字都可以用同样的操作反复计算出来。蒙台梭利根据这一特点,在教具设计中加入加法、减法、乘法、除法的概念,让儿童在教具操作中逐渐学会加法、减法、乘法、除法的计算方法,并慢慢地建立起加、减、乘、除的概念。

7. 以验算与订正板的形式实现错误订正

像感觉教具一样,蒙台梭利数学教具贯穿着错误订正的原理。数学教具的错误订正原理是以验算与订正板的形式达到错误订正的目的。这种教具制作的原理在教具中有明显的体现,如一百板配有一张同样大小、已经写好数字的纸质订正板。

二、蒙台梭利数学教育的课程设计

(一)10以内的数与量的结合

1. 数棒

(1)教具构成

10根木质长棒,长度以10cm为单位由10cm等量增至100cm,每根木棒红蓝颜色相间。

(2)工作前经验

已有红棒操作经验或3.5岁以上儿童。

(3)工作目的

① 直接目的:通过视觉和触觉感受1~10数棒的长短变化。

② 间接目的:形成数序的概念;为学习十进位法打基础;数量概念的导入。

(4)操作材料

数棒、2块工作毯。

(5)工作步骤

① 铺开工作毯,介绍"数棒"的工作。

② 手握数棒两端,由短至长一一取出并散放到工作毯上。

③ 数棒左端对齐,按照由长至短的顺序排列在工作毯上方。

④ 取出数棒1、2、3,横向排列在工作毯中间,进行三段式教学法。

⑤ 将数棒收回,结束工作。

(6)小蒙知识库

数棒的三段式教学法。

(7)变化延伸

① 为数棒配上1~10的数字卡片,做与数字卡片配对的工作,如图3-8所示。

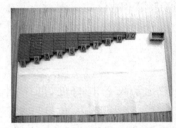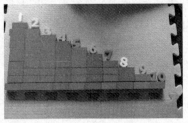

图 3-8　数字卡片配对

② 按照一定顺序摆出不同的图形，也可与粉红塔、棕色梯等其他感官教具搭配。

（8）错误控制

数棒的颜色及本身的序列。

（9）注意事项

① 数棒的排列从红色一端开始。

② 拿数棒时一定要拿两端，让儿童感受数棒由短变长的感觉。

③ 拿时先拿短的"1"，放时先放长的"10"。

④ 在数数时手指触摸不能间断（强调的是连续的量），如图 3-9 所示。

图 3-9　数棒的排列

⑤ 数棒是儿童第一次接触数量的工作，每次只要认识三四根即可。

2. 砂纸数字板

（1）教具构成

① 10 块绿色长方形木板，上有砂纸数字。

② 木盒（10 块板放在一个木盒中）。

（2）工作前经验

已简单接触过数棒名称练习或 3.5 岁以上儿童。

（3）工作目的

① 直接目的：认识 0～9 的数字，了解书写笔顺。

② 间接目的：锻炼手部小肌肉的灵活性和精确性，为书写练习做好准备。

（4）操作材料

1～9 的盒装砂纸数字板。

（5）工作步骤

① 介绍工作名称，取教具。

② 拿出 1、2、3 三个数字的砂纸数字板反扣在工作毯上,盒子置右下角。

③ 打开 1,教师左手按住砂纸数字板,用右手食指、中指按书写数字的笔顺指画两遍 1,"1,1,这是 1,你来感受一下",让儿童一边指画一边说数字。

④ 将练习过的砂纸数字板排在桌子的左上角。

⑤ 依次介绍剩下的 2 和 3,方法同步骤①。

⑥ 收教具,结束。

(6) 变化延伸

① 用同样的方法介绍剩下的数字,每次都要先复习前面的数字,从 1 开始。

② 准备沙箱等,在上面练习写数字。

③ 拓印游戏(在砂纸数字板、硬币等上面拓印),如图 3-10 所示。

图 3-10　拓印游戏

④ 美工活动:打扮我的数字宝宝。

(7) 错误控制

粗糙的砂纸。

(8) 注意事项

① 教师应另外准备数字的笔顺表。

② 0 的学习要在纺锤棒与纺锤棒箱的工作完成后再进行。

3. 纺锤棒与纺锤棒箱

(1) 教具构成

3 个木质长方体箱体,其中两个箱子中间有隔断;45 根木质纺锤棒。

(2) 工作前经验

已有数棒操作经验或 3.5 岁以上儿童。

(3) 工作目的

① 直接目的:认识 0;巩固数和量的对应练习。

② 间接目的:渗透集合的概念;学习数字的自然排列顺序。

(4) 操作材料

纺锤棒、纺锤棒箱。

(5) 工作步骤

① 准备桌子,介绍工作名称。

② 双手将纺锤棒箱取来放在桌子上。

③ 用纸板将 0 挡住,让儿童观察木箱上的数字。

④ 指并读出数字 1,"1",从箱中点数出 1 根纺锤棒放在右手抓握,放在 1 的格子中;指并读出数字 2,"1、2,2",从箱中点数出 2 根纺锤棒放在右手抓握,放在 2 的格子中。教师示范到 4,请儿童点数数字:5~9。

⑤ 数完后,给儿童示意装纺锤棒的箱子已经空了,"盒子里还有纺锤棒吗? 哪一个箱和它一样? 什么也没有就是 0。"把纸板拿走露出"0","这是 0,表示什么也没有。"

⑥ 最后按照 0~9 的顺序将纺锤棒收回箱子里。工作步骤如图 3-11 所示。

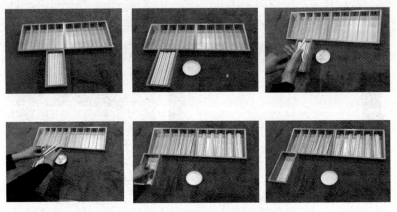

图 3-11　纺锤棒与纺锤棒箱

（6）变化延伸

用吸管、木棒、牙签或筷子代替纺锤棒,用橡皮筋将其按一定数量捆好,加 0~9 的数字卡片一起使用,如图 3-12 所示。

（7）错误控制

纺锤棒的数量。

图 3-12　纺锤棒替代方法

（8）注意事项

① 教师点数纺锤棒时一定要读出声音,如图 3-13 所示。

② 纺锤棒共 45 根,如果丢失要及时补充。

③ 展示尽量一对一进行。

图 3-13　点数纺锤棒

4. 数字与筹码

（1）教具构成

一个盛放筹码和数字卡片的木制盒子,木制蓝色(有些教具是塑料红色)数字 0～10,55 片红色圆形木质筹码。

（2）工作前经验

已有纺锤棒箱操作经验或 3.5 岁以上儿童。

（3）工作目的

① 直接目的:练习点数。

② 间接目的:促进数学心智的发展,为学习奇数和偶数做准备。

（4）操作材料

数字、筹码。

（5）工作步骤

① 准备工作毯,介绍要做数字与筹码的工作步骤。

② 取来教具散放在工作毯上,让儿童将木制数字按 0～10 的顺序横行摆升。

③ 指读 0,表示什么都没有,不用取筹码;指读数字 1,点读筹码 1,放在数字 1 的下方;指读数字 2,点读筹码 1、2,并排放在数字 2 的下方;指读数字 3,点数筹码 1、2、3,两个并排放,剩下一个筹码放在第一行左侧筹码的下方。点数每读出一个数字就从盒中取同样数量的筹码摆在数字下方。依次进行,教师展示 1～5,儿童操作 6～10。

④ 观察筹码,"哪个数字下方的筹码都有朋友,哪个数字下方的筹码有一枚没有朋友",将有一枚没有朋友的筹码的数字卡片堆放上方,这个数为奇数,剩下的为偶数。

⑤ 用三段式教学法引导儿童认识奇数、偶数。

⑥ 收数字,收筹码(先指认数字再收数字,之后,边点数筹码边放回盒中),让儿童一起将教具归位。

（6）变化延伸

① 寻找自己身上或观察周围生活中的物品,哪些是奇数的,哪些是偶数的。

② 可配奇数和偶数字卡。

③ 可在手工活动中进行粘贴数字与筹码。

（7）错误控制

① 筹码与数字相符,没有剩下或不足的情形。

② 筹码有规律地排列。

（8）注意事项

① 摆放时筹码要左右对称。

② 如果数字里面加 0，则第一次展示时要结合形式卡进行，如图 3-14 所示。

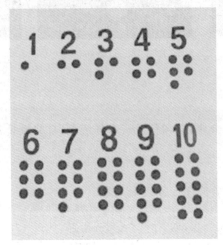

图 3-14　数字与筹码

（二）连续数的认识

1. 塞根板（第一盒）

（1）教具构成

① 2 块长方形木板，每块木板有 5 个隔断，前 9 个隔断上印着数字 10，可从右侧插入个位数的木板。

② 1～9 的木质数字板。

（2）工作前经验

已了解数位或 4.5 岁以上儿童。

（3）工作目的

① 直接目的：学习数字 11～19 的组合形式。

② 间接目的：为学习 11～19 的数字书写练习做好准备。

（4）操作材料

塞根板（第一盒），彩色串珠梯 1 套，金色串珠 9 串 10，小盒子 2 个。

（5）工作步骤

① 介绍教具，搬到工作毯上。

② 上底板放左侧，下底板放右侧，散放数字和彩珠。

③ 儿童将数字和彩珠在工作毯右边排整齐。

④ 儿童观察塞根板每格中的数字，问："请小朋友来告诉老师，这板上的数字都是几？"教师指着底板上的 10 说："10"。

⑤ 取一串 10 放在底板右侧，"它是多少"；取红色串珠 1 问，"这是几"，放在盒 10 的

右侧;"10 和 1 合起来是多少,我们来数数","10、11,10 和 1 合起来是 11",将数字 1 插进塞根板中,"这是 11"。教师示范到 15。

⑥ 完整进行三段式教学法,巩固 11～15 的名称练习。

⑦ 收教具:彩色串珠梯先入盒,金色串珠、数字按顺序整理收回,将右底板和左底板盖好,结束,如图 3-15 所示。

图 3-15　塞根板(第一盒)

(6) 变化延伸

① 16～19 由儿童自行操作。

② 让儿童书写 11～19 的数字。

(7) 错误控制

儿童关于数字的认识,金色串珠和彩色串珠的数量。

(8) 注意事项

教师要结合对儿童的观察合理安排每次教学的容量,以认识 35 个数字为宜。

2. 塞根板(第二盒)

(1) 教具构成

① 2 块长方形木板,每块木板有 5 个隔断,两块木板相应隔断上印刷着数字 10～90,可从右侧插入个位数的木板。

② 1～9 的木质数字板。

(2) 工作前经验

已有塞根板第一盒操作经验或 4.5 岁以上儿童。

(3) 工作目的

① 直接目的:学习数字 11～99 的组合形式,理解数字排列的顺序。

② 间接目的:为学习 11～99 的数字书写练习做好准备。

(4) 操作材料

塞根板(第二盒),彩色串珠梯 1 套,金色串珠 9 串 10,小盒子 2 个。

(5) 工作步骤

① 铺好工作毯,将教具取来放在工作毯上,介绍工作名称。

② 将塞根板打开,上底板放左侧,下底板放右侧,散放数字和彩珠。

③ 儿童分别将数字和彩珠在工作毯右侧进行排序。

④ 引导儿童观察两侧底板数字,右底板扣放在左侧底板上 20 以下的数(包括 20),复习 11～19 的合成;当合成 19 后,问"19 的后面是多少",拿出两串金色串珠 10,放底板左侧,打开底板露出 20。

⑤ 教师示范:指 20 介绍,"这是数字 20。"两指在数字上抚摸一遍。示范合成 20～23,其他数字的组数可根据儿童能力让其自行操作。

⑥ 收教具,收的方法同塞根板第一盒,结束。如图 3-16 所示。

图 3-16　塞根板(第二盒)

教师可以根据儿童兴趣制作若干塞根板的作业纸,以便儿童自由工作时使用,教师进行指导。如表 3-1 所示。

表 3-1　塞根板作业纸

10	11		14		17		
20		22		26		29	
30							

(6) 变化延伸

① 可使用金色串珠 9 个 1、9 串 10 进行数字组合。

② 让儿童书写 11～99 的数字。

③ 为塞根板第二盒配数字卡片 11～99。

(7) 错误控制

儿童关于数字的知识,金色串珠和彩色串珠的数量。

(8) 注意事项

此次展示要根据儿童的掌握情况,分成 5～9 课时完成。

3. 100 板

(1) 教具构成

① 1～100 的木制小数字板。

② 10 个小盒(可用胶卷盒,每个小盒内放 10 个数字,盒外要贴有标签 1～10,11～20,21～30,…,91～100)。

③ 订正卡。

④ 一个钥匙圈。

（2）工作前经验

已有塞根板操作经验或 4.5 岁以上儿童。

（3）工作目的

① 直接目的：认识并能正数、倒数 100 以内的数字。

② 间接目的：导入间隔计数，培养儿童专注力和耐心。

（4）工作步骤

① 教师铺好工作毯，将教具取来放在工作毯上，介绍要做 100 板的工作。

② 将装有数字板的小盒整齐地摆放在工作毯的上方，100 板放在中间，订正卡放在 100 板左侧。

③ 向儿童介绍"这是 100 板""这是订正卡""这是小数字板"。

提示："我们现在把数字板一个一个放进去。"从标签 1～10 的小盒中倒出数字板，铺开散放在 100 板下方。

④ 将钥匙圈放在订正卡 1 的数字上，指着订正卡中的"1"说"1"，从数字板中找出 1，放在 100 板相应的位置，再次说"1"。

⑤ 将钥匙圈放在订正卡 2 的位置上，指着订正卡中的"2"说"2"，从数字板中找出 2，放在 100 板相应的位置，再次说"2"。

⑥ 1～10 完成后，同样方法做 11～20，…，91～100。

⑦ 收数字板时可正收（正数），也可倒收（倒数），分别放入对应的数字小盒中。

⑧ 教具归位，结束。如图 3-17 所示。

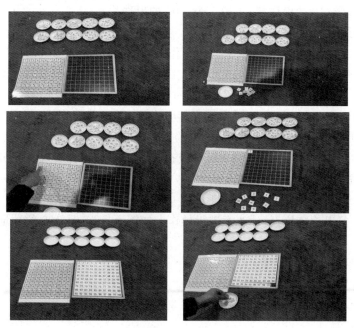

图 3-17　100 板

（5）变化延伸

① 自制 0～99 的订正卡和数字卡。

② 随意将数字摆放在 100 板相应的格子里,让儿童找出上、下、左、右的相邻数。

③ 设计纸张练习纸,让儿童练习书写数字。

④ 数字接龙游戏:将 1～20 的数字混在一起,家人每人分 4～6 个,说开始后,让儿童与家人一起按照数字的排列顺序,将各自手中的数字板排列在 100 板上。

⑤ 让儿童总结出 100 以内奇数、偶数的规律。

(6)错误控制

100 板的订正卡,儿童对数字序列的理解。

(7)注意事项

① 这个活动要在儿童比较熟悉 1～100 的情况下才可以进行。

② 因为数字板较多,每次展示时以 2～3 个盒子的数字板为宜。

4. 100 串珠链

(1)教具构成

金黄色圆形珠链,由 10 串金色串珠 10 连接在一起而成。

(2)工作前经验

已有 100 板操作经验或 4.5 岁以上儿童。

(3)工作目的

① 直接目的:提高难度,巩固连续数的概念;感知 10 与 100 之间数量关系与数量差。

② 间接目的:锻炼儿童思维和肢体动作的准确性;加强对数的兴趣。

(4)操作材料

100 的串珠链;10 的串珠棒;小桥 1 个;100 的串珠片。

(5)工作步骤

① 教师铺好工作毯,将教具取来放在工作毯上,介绍 100 串珠链的工作。

② 将 10 的串珠棒和 100 的串珠片放在工作毯中部,复习对数量的认识。

③ 教师出示 100 的串珠链,介绍:"这是 100 的串珠链,现在我们来数一数。"用桥从 1 开始数,数到 10,提示"一个 10";再用桥直接卡在 20 的串珠棒末端,提示"两个 10"。一直数到十个 10,教师提示"十个 10 是多少?"

④ 将 100 珠链上的串珠棒每 10 根一组折成和 100 的串珠板相同的正方形,用 100 的串珠片与之进行比较。

提示:"它们是一样的,十个 10 是 100"。

⑤ 将 100 的串珠链拉直,让儿童进行操作。加深十个 10 是 100 的数量概念。

⑥ 反复练习后将教具归位。

(6)变化延伸

① 可结合数字标签使用。

② 利用 100 串珠链变换各种图形,如图 3-18 所示。

(7)错误控制

100 串珠链与数字卡片的对应,儿童数数的能力。

(8)注意事项

数字标签的宽度要与珠子的宽度一样。

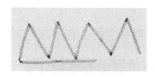
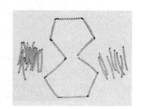

图 3-18 100 串珠链

（三）10 进位法

1. 金色串珠

（1）教具构成

1 颗粒珠代表 1,1 串串珠代表 10,1 片片珠代表 100,1 块珠块代表 1000,都是塑料质地,颜色为金黄色。

（2）工作前经验

已非常熟悉数量点数工作或 4.5 岁以上儿童。

（3）工作目的

① 直接目的:让儿童了解 1、10、100、1000 之间的简单关系。

② 间接目的:为学习量的等值概念、加减运算做好准备。

（4）操作材料

金色串珠 1、10、100、1000 各 1 个,木质托盘 1 个。

（5）工作步骤

① 铺好工作毯,介绍工作名称。

② 取来教具放在毯子的右下方,右手两指捏出金色珠小 1 放在工作毯中间偏右,告诉儿童"1,这是 1"。

③ 取出金色串珠 10,放在珠 1 左边,进行比较。然后拿走 1。由上往下一粒粒数串珠 10:"一个 1,两个 1,三个 1……十个 1,十个 1 是 10,这是 10。"

④ 取出金色串珠 100,放在珠 10 左边,作比较。然后拿走珠 10,由右往左按行数串珠板 100:"一个 10,两个 10,三个 10……十个 10,十个 10 是 100,这是 100。"

⑤ 拿出金色串珠块 1000,放在珠 100 左边,作比较。然后拿走珠 100,贴着 1000 珠块竖起来一排排地数 1000 珠:"一个 100,两个 100,三个 100……十个 100,十个 100 是 1000,这是 1000。"

⑥ 完整进行三段式教学法。

⑦ 依次收回 1、10、100、1000，教具归位。

（6）变化延伸

可结合数字卡片进行操作，先出示数卡，再找对应的金色串珠，如图 3-19 所示。

图 3-19　找对应的金色串珠

（7）错误控制

金色串珠本身的尺寸和重量，儿童对数字的理解。

（8）注意事项

摆串珠时个位在右，千位在左，符合教学中位数规律。

2. 数字卡片

（1）教具构成

绿色的 1～9（最窄），蓝色的 10～90（两倍宽），红色的 100～900（三倍宽），绿色的 1000～9000（四倍宽）。

（2）工作前经验

4.5 岁以上儿童。

（3）工作目的

① 直接目的：介绍数字的写法：十位、百位、千位。

② 间接目的：通过卡片的倍数设计，使儿童了解位数之间的关系。

（4）操作材料

数字卡片 1、10、100、1000 各 1 张，金色串珠 1、10、100、1000 各 1 个，木质托盘 1 个。

（5）工作步骤

① 介绍工作名称，取教具。

② 将金色串珠放在工作毯上，指 1 问这是几，拿出数字 1 说："这是 1，它是绿色的。" 将其放在金色珠子下方。依此法介绍到 1000，金色珠子收回，完整进行三段式教学法。

③ 数字卡片收回，结束工作。

（6）变化延伸

① 先出示数卡，再找对应的金色串珠。

② 按照此法介绍剩下的数字卡片。

（7）错误控制

数字卡片本身的尺寸和重量，儿童对数字的理解。

（8）注意事项

① 数字卡片在工作毯上的摆放位置是个位在右、千位在左，读数则从左往右。

② 儿童对个位的数字已经很熟悉，所以可以以游戏的形式，从十位数开始练习，然后再做百位、千位的练习，让儿童辨识不同数位的数字。

3. 9 的危机

（1）工作前经验

已有金色串珠操作经验或 4.5 岁以上儿童。

（2）工作目的

① 直接目的：理解位数之间量的进位。

② 间接目的：为儿童未来学习十进位系统做准备；为儿童未来学习四则运算做好准备。

（3）操作材料

① 大托盘装有金色串珠 9 个 1、9 串 10、9 片 100。

② 小托盘装有金色串珠 1 个 1、1 串 10、1 片 100、1 块 1000。

（4）工作步骤

① 介绍工作名称，取教具，点数大托盘的金色串珠，将其摆放在工作毯上。

② 从小托盘取 1 粒珠子，"这里还有 1 粒珠子，9 粒珠子再添上 1 粒是多少，我们数数"，粒珠是 10，拿出 1 串珠子比较，一样的，10 颗粒珠拿走；1 串 10 放十位上，与原来的 9 串 10 一起数是 10 串 10，拿一片 100 比较，一样的，10 串 10 拿走；1 片 100 放百位。依此法继续，最后摆成 1 个 1000。

③ 收回教具，结束。

（5）变化延伸

排列进位系统鸟瞰图。

（6）错误控制

儿童对数量的理解。

（7）注意事项

每位数都应该准备十个数量，儿童工作时要利用所有的教具。

（四）四则运算

1. 银行游戏

1）工作前经验

已有十进位法操作经验且能正确取数量并理解合成的概念或 4.5 岁以上儿童。

2）工作目的

① 掌握加法、乘法、不进位、进位的计算方法，理解加法、乘法的概念。

② 为儿童学习代数做准备。

3）操作材料

① 木质空托盘 1 个、小碟 1 个、小袋子 1 个。

② 金色串珠若干、题目卡和数字卡片若干。

③ 加号卡片 1 张、乘号卡片 1 张、红线 1 根。

4）工作步骤

（1）不进位的加法银行游戏

以题卡"1324＋2163＝"为例。

① 介绍工作名称，编一个情境。如秋天来了，小朋友们要去秋游，幼儿园要为我们买秋游用品，需要 1324 元，还要为我们安排汽车，需要 2163 元，那么我们这次秋游一共需要多少钱呢？

② 取小卡 1324，让儿童去银行取相等的量，放置在工作毯上；从高位检查，卡片放在量珠下方，依次取 2、1、6、3 小卡与量合并检查，"现在我们把两次取来的量合在一起"，重叠小卡放置右侧，将量珠从个位至千位合在一起，出示红线放在下面，从个位开始点数，量珠放在红线下方；每点数一位取对应的大卡放在量珠下方，依次点数完后重叠大卡放置右侧，出示"＋"号，放竖式里，指念算式，拿出题卡写计算结果，根据题卡背面的答案进行订正。

③ 收教具：收小卡、大卡、金色串珠、符号和红线。

（2）进位的加法银行游戏

以题卡"1452＋3129＝"为例。

① 介绍工作名称，取教具。

② 取小卡 1452，让儿童去银行取相等的量，放置在工作毯上；从高位检查，卡片放在量珠下方，依次取 3、1、2、9 小卡与量合并检查，"现在我们把两次取来的量合在一起"，重叠小卡放置右侧，将量珠从个位至千位合在一起，出示红线放在下面，从个位开始点数，量珠放在红线下方；每点数一位取对应的大卡放在量珠下方，点数个位时数到 10 就去银行用 10 颗 1 换一串 10，放在十位；依次点数完后重叠大卡放置右侧，出示"＋"号，放竖式里，指念算式，拿出题卡写计算结果，根据题卡背面的答案进行订正。

③ 收教具：收小卡、大卡、金色串珠、符号和红线。

（3）不进位的乘法银行游戏

以题卡"1231×2＝"为例。

① 编一个情境，介绍工作名称，取教具。

② 请儿童取 1231 小卡，取相同的量，取回检查；"请你再取一次 1231 的小卡与量"，检查；"我们把两次取来的量合在一起"，方法同加法，最后重叠大卡放置右侧；"1231 我们取了几次"，出示小卡 2，替换一组 1231，将其扣放；出示乘号介绍，"这个符号是乘号，表示相同的数取了几次"，指念算式，出示题卡，检查订正。

③ 收教具。

（4）进位的乘法银行游戏

本展示在操作材料、工作步骤和注意事项等方面与不进位的乘法银行游戏的展示十分接近，但区别的是引入了进位的概念。进位的操作方法同加法进位。

5）变化延伸

（1）教师启发儿童解题时可利用生活中的场景。

（2）可由几名儿童共同合作完成此项工作，比较适宜 3 人。

6）错误控制

金色串珠本身所代表的量，题卡背面的得数。

7）注意事项

（1）教师所举的例子要贴近生活。

（2）金色串珠在工作毯上摆放时是个位在右、千位在左。

（3）用小数字卡片代表加数，用大数字卡片代表得数。

（4）计算的得数不能大于9999，教师在为儿童制作题卡时要考虑加数的大小。

2. 邮票游戏

1）教具构成

邮票游戏盒（内有代表个、十、百、千的邮票、位数小人和圆形筹码）。其中，1是绿色的、10是蓝色的、100是红色的、1000是绿色的；位数小人和圆形筹码的颜色对应相同颜色的邮票。

2）工作前经验

已有银行游戏操作经验或5岁以上儿童。

3）工作目的

（1）直接目的：掌握减法和除法不退位、退位的计算方法，理解减法和除法的概念。

（2）间接目的：为儿童学习代数做准备。

4）操作材料

（1）邮票游戏盒1套、题卡和大数字卡片若干。

（2）小袋子1个。

（3）减号卡片1张、除号卡片1张、红线1根。

5）工作步骤

（1）退位的减法邮票游戏

① 铺开工作毯，介绍要做减法邮票游戏的工作。

② 将邮票游戏盒取来放在工作毯的右下角。

③ 拿出题目卡片，例如，"2374－1076＝"读出题目后说"小熊有2374张邮票，送给大熊1076张，小熊还剩多少张邮票？"。

④ 拿出位数小人千位在左、个位在右依次排列在工作毯上方。

⑤ 按题目卡取出与被减数2374等量的邮票，从个位到千位摆放在相应的位数小人下，一边摆一边点数。

⑥ 减数位置上要空出来，在减数下方放红线、减号和等号。

⑦ "我们从个位邮票开始减，用4减去6"。将被减数个位的邮票一一转移到减数个位的位置上，一边放一边数："1、2、3、4，个位的邮票不够减，我向十位借一个10"，从十位上拿出一个10换成10个1的邮票放在被减数的个位上。

⑧ 在借位之后继续减，"5、6，个位减完了，我数数还剩下多少"，用盒子将被减数上剩余的邮票收好，一一点数到红线下方个位得数的位置上，"1、2、3、4、5、6、7、8，个位的得数是8"。

⑨ "下面我们来进行十位的减法，十位上原来有70，借给个位10还剩下60，我们现

在用 60 减去……"各位同样进行。

⑩ "得数是 1298，小熊的邮票还剩下 1298 张。"

⑪ 教具归位，结束。如图 3-20 所示。

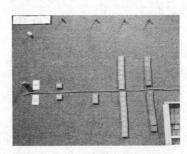

图 3-20　退位的减法邮票游戏

（2）不退位且有余数的除法邮票游戏

① 铺开工作毯，介绍要做除法邮票游戏的工作。

② 将邮票游戏盒取来放在工作毯的右下角。

③ 拿出题目卡片，例如，"1556÷5＝?"读出题目后说："大熊有 1556 张邮票，要平均分给 5 只小熊，每只小熊要一样多，那每只小熊能分多少张呢？"

④ 放定位图片与小人。

⑤ 取 1556 的邮票总数，平均分成 5 份，并将其排列在红线下方，点数，写计算结果，然后检验。

⑥ 送回邮票、定位小人、圆片和红线，结束。如图 3-21 所示。

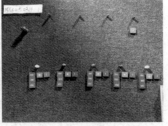

图 3-21　不退位且有余数的除法邮票游戏

6）变化延伸

教师启发儿童解题时可引用生活中的不同场景。

7）错误控制

教师和儿童互动中的反馈，题卡背面的得数。

8）注意事项

用小数字卡片代表减数、除数和得数。

3. 加法板

1）教具构成

教具包括加法板、蓝色定规、红色定规。

（1）加法板：一块印有 12×18 方格的白色长方形木板，最上面印有 $1 \sim 18$ 的数字（$1 \sim 10$ 是红色数字，$11 \sim 18$ 是蓝色数字），数字 10 之后有一条红色的线。

（2）蓝色定规：9 块蓝色由短至长的长方形木板。

（3）红色定规：9 块红色由短至长的长方形木板。

2）工作前经验

已有银行游戏和邮票游戏操作经验或 5 岁以上儿童。

3）工作目的

（1）进行 $1 \sim 9$ 任意两个数字的加法，加强加法的学习。

（2）发现并总结加法的计算规律。

（3）为学习抽象数学做准备，为学习心算做好准备。

4）工作步骤

（1）10 的加法练习

① 介绍工作名称，取教具。

② 将蓝色定规尺排列在加法板的左侧，红色定规尺排列在加法板的右侧。

③ 将蓝色定规尺 1 放在加法板上相对应 1 的第一个格子里。

④ 取红色定规尺 9 放在加法板第一行 $2 \sim 10$ 的格子里。

⑤ 指着答案 10 和红线，告诉儿童："$1+9=10$。"

⑥ 取 2 的蓝色定规和 8 的红色定规放在板子上，指着答案 10 和红线，告诉儿童："$2+8=10$。"

⑦ 继续同样的方法做：$3+7=10$、$4+6=10$、$5+5=10$、$6+4=10$、$7+3=10$、$8+2=10$、$9+1-10$。

⑧ 让儿童注意到每个算数题的得数都是 10。

⑨ 收回教具，结束。

（2）十进位练习

① 介绍工作名称，取教具。

② 取一组题目卡，例如，"$5+9=$"。

③ 取蓝色定规尺 5，放在加法板对应的格子里。

④ 取红色定规尺 9，放在蓝色定规尺旁边。

⑤ 检查红色定规尺末端上方的数字为 14。

⑥ 收教具（蓝色从长到短收，红色从短到长收）（见图 3-22）。

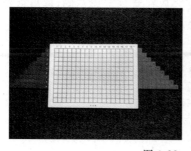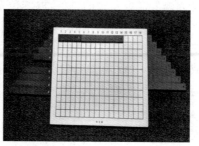

图 3-22　十进位练习

5）变化延伸

（1）做加法板 10 的合成工作（9 的合成、8 的合成等）。

（2）可为加法板配上题卡（最开始时不要让儿童做过多的题目，保持在 3～5 道题为宜，逐渐增至 9 道题目）。

6）错误控制

加法板本身的格子，加法订正板。

7）注意事项

（1）蓝色定规和红色定规是加数，加法板上印刷的 1～18 的数字是得数。

（2）此项工作可由两名儿童合作完成。

4. 减法板

（1）教具构成

教具包括减法板、蓝色定规、红色定规、原色定规。

① 减法板：一块印有 12×18 方格的白色长方形木板，最上面印有 1～18 的数字（1～9 是蓝色数字，10～18 是红色数字），数字 9 之后有一条红色的线。

② 蓝色定规：9 块蓝色由短至长的长方形木板。

③ 红色定规：9 块红色由短至长的长方形木板。

④ 原色定规：17 块原木色由短至长的长方形木板。

（2）工作前经验

已有银行游戏、邮票游戏操作经验或 5 岁以上儿童。

（3）工作目的

① 直接目的：了解数的分解及数的减法运算。

② 间接目的：帮助儿童发现并总结减法的计算规律。

（4）工作步骤

① 介绍工作名称，将减法板、红色定规、蓝色定规及原色定规都从教具架拿到工作毯上（工作毯宽度须足够排列所有定规）。

② 摆放教具：原色定规按从长到短的顺序摆放在减法板上方，红色定规摆放在减法板左侧，蓝色定规摆放在减法板右侧。

③ 教师坐在儿童右侧，说："我们试试看，来做 14 减去 8 的工作。"指减法板上的数字"14"，拿 14 上方的原色定规把 14 后面的数字盖住。

④ 指读数字"8"，拿蓝色定规 8，数字 8 对着数字 14，把蓝色定规推至 14 下面一行。

⑤ 接着数蓝色定规左侧的空格，取红色定规放在蓝色定规左侧，读出得数。

⑥ 教具归位，结束工作。如图 3-23 所示。

（5）变化延伸

① 用减法板做 10 的减法工作（9 的减法、8 的减法等）。

② 可为减法板配上题卡。

（6）错误控制

减法板本身的格子，减法订正板。

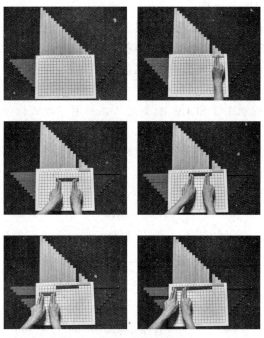

图 3-23　减法板

（7）注意事项

① 减法板上印刷的 1~18 的数字是被减数,蓝色定规是减数,红色定规是得数。

② 17 根原木色定规起遮盖多余被减数的作用,并不参与实际计算。

③ 此项工作可由两名儿童合作完成。

（五）分数的导入

1. 分数小人

（1）教具构成

1/1 是原木色跳棋状,1/2 是 2 个红色 1/2 跳棋状,1/3 是 3 个黄色 1/3 跳棋状,1/4 是 4 个蓝色 1/4 跳棋状,底座是 1 个带有 4 个凹槽的原木色长方形。

（2）工作前经验

4 岁以上儿童。

（3）工作目的

① 直接目的:知道 1 个整体如何分成若干部分,感知平均分配的概念。

② 间接目的:为进入分数学习做准备。

（4）工作步骤

① 取工作毯,铺好,将教具取来放在工作毯上,介绍分数小人的工作。

② 取一个完整的分数小人教具(代表 1),放在工作毯的中部,从上到下摸一遍,介绍:"这是一个完整的分数小人,老师把它分成两部分,比比看一样大吗?"

③ 取 2 个 1/2 的分数小人放在第一个小人的下面,介绍"这也是一个完整的分数小

人。"摸一遍,提示"我们把它分开。"

④ 将小人分成 2 份,红色侧面朝向自己并排。拿起来将两份进行比较,底面和截面都是一样的。用食指在平的剖面上下滑动,说:"这边是 1/2,这边也是 1/2。"

⑤ 再把两个 1/2 的小人转成面对面,然后合在一起,说:"两个分数小人现在已经合成 1 了。"再用手上下抚摸合在一起的小人。

⑥ 同样方法继续提示 1/3 和 1/4 的小人。并利用三段式教学法加深儿童对分数小人的认识。

⑦ 最后把小人一个一个放回台子上,这时台面上有 4 个整体(=1)。

⑧ 如果儿童喜欢,可继续反复练习。

⑨ 收教具,结束。

(5) 变化延伸

① 重新展示建构三角形的三角形盒,让儿童发现两者之间的联系,如图 3-24 所示。

图 3-24　三角形盒

② 在生活中寻找有整体与部分关系的物体。

(6) 错误控制

分数小人本身的颜色和大小。

(7) 注意事项

尽量采取个别展示的方式。

2. 圆形分数板

(1) 教具构成

由软性彩色 23 片圆形分数板、1 个双面钉板组成。

(2) 工作前经验

有分数小人教具的操作经验或 4 岁以上儿童。

(3) 工作目的

① 直接目的:认识分数,了解部分与整体的关系,增进了解组合概念。

② 间接目的:进行分数的加减法的操作,加深对分数的认知,丰富数学知识。

(4) 工作步骤

① 打开工作毯,将教具放在工作毯上,介绍工作名称。

② 取出一个半圆形,教师让儿童观察,命名"这是半圆形"。对半圆形的外形轮廓进

行抚摸,放在圆形分数板上。再取一个半圆形,请儿童观察比较,命名"这也是一个半圆形"。对半圆形外形轮廓进行抚摸,放在圆形分数板上(提示:两个半圆形组成一个圆形。)同样的方法介绍剩下的扇形分数板。

③ 收教具,结束。

(5)变化延伸

① 利用圆形、半圆形、扇形之间的关系进行手工折纸。

② 利用钉板背面,配上长短、颜色不同的橡皮筋,发挥儿童的想象力与创造力进行皮筋构图。

③ 迁移圆形分数板的操作经验,认识时钟。

(6)错误控制

小木盘上的刻度,彩色扇形木片的形状。

(7)注意事项

圆形分数板的学习进度要根据儿童的实际能力进行调整,学习内容也要由易到难,由简单到复杂。

(六)几何代数的导入

1. 二倍体

(1)教具构成

2块绿色长方体,一大一小;3块黄色正方体,一大两小;2块白色长方体,一大一小。

(2)工作前经验

已有几何立体组的操作经验或4岁以上儿童。

(3)工作目的

① 直接目的:能将7块几何体搭成一个正方体。

② 间接目的:锻炼儿童视觉对立体的感知;为学习数学做准备。

(4)工作步骤

① 取工作毯,铺好,介绍工作名称,取二倍体。

② 散放,请儿童按由大到小排好。

③ 取出最小的一块几何体并触摸,找出和它一样大的进行比较(比上面,比四周,不用比底面),依次从右向左比较,拼成正方体并命名"这是正方体"。最后,说"我要把它切开",并将正方体一一打开,恢复原样排好。

④ 按顺序收回,结束工作。

(5)变化延伸

用二倍体的7块木块按照由大到小的顺序水平或垂直排列。

(6)错误控制

二倍体本身的特点。

(7)注意事项

教师不要过多干涉儿童比较的方法。

2. 二项式

（1）教具构成

1 块红色正方体，代表 a^3；3 块红黑相间的长方体，代表 $3a^2b$；1 块蓝色正方体，代表 b^3；3 块蓝黑相间的正方体，代表 $3a^2b$。

（2）工作前经验

4 岁以上儿童。

（3）工作目的

① 直接目的：能按照颜色将 8 块几何体搭成一个正方体。

② 间接目的：锻炼儿童视觉对立体的感知；为学习数学做准备。

（4）工作步骤

① 取工作毯，铺好，介绍工作名称，取二项式。

② 打开盒盖及盒身的前面和右面，将盒盖放在打开的盒子的右下方，将二项式里面的立体块取出散放。

③ 指出盒盖上的颜色，最大块为红色，从散放的立体块中找到红色放在盒盖上；依次按盒盖颜色和前面一个立方块的侧面颜色找出正确的放在盒盖上；触摸第一层是否平滑，平滑则放回盒内。搭第二层采用同样的方法，先找最大的一块，并依次找到放在盒盖上，触摸检查后放回盒内。

④ 拿起盖子与盒子里的颜色进行比较，若是一样的，则盖好盖子（先盖好侧面盒盖），结束。如图 3-25 所示。

图 3-25　二项式

（5）变化延伸

① 不借助盒盖，将二项式放回盒内。

② 将二项式在盒外搭成一个正方体。

（6）错误控制

盒盖与盒身上的颜色，木块的颜色和大小。

（7）注意事项

教师不要给儿童讲解该工作名称的由来。

第五节　蒙台梭利科学文化教育及课程设计

蒙台梭利认为，4～6 岁是儿童文化敏感期，这时要对儿童开展科学文化教育。科学文化教育能够让儿童跨越自我中心为主的视觉，放眼更广阔的地区、更广阔的空间、更丰富的民族,形成更开阔的眼界、更丰富的见识,在这一过程中,儿童无论社会性还是认识能力都得到长足发展。

一、蒙台梭利科学文化教育思想

（一）科学文化教育的含义

蒙台梭利科学文化教育是指教师利用周围的物质环境和学具,让儿童通过感知、观察、操作,将看上去深奥的科学、文化知识自然纳入知识结构的活动。目的在于满足儿童的求知欲,建构儿童科学的世界观,初步培养儿童关爱世界的博大胸怀,使儿童在了解这个奇妙世界的同时,能更好地与之和谐共处。

（二）科学文化教育的目标

（1）儿童通过获取周围物质世界的广泛知识,在感性经验的基础上,建立初步的科学概念,提高综合文化素养。幼儿心理发展最明显的特征就是好奇、好动、求知欲旺盛。依据这一特点,教育可以"教"给儿童一切文化知识,使其较早萌发兴趣,提升素养。

（2）教师协助儿童通过科学文化的学习探索周围的物质世界,了解或掌握一些科学的工作方法,发展综合能力。在探索学习、发现学习的过程中,我们需要依托于方法解决问题,这些方法的获得对儿童的未来生活至关重要,如观察、分类、测量、思考、表达、动手、执行等。此外,方法的获得可以激励儿童不断提高能力,如观察能力、思维能力、动手操作能力、创造能力和解决问题的能力等。

（3）发展儿童关爱自然与环境的积极情感和正确态度,培养儿童的独立性、自主性、自信心、包容心、自制力、创造力、责任感及团队合作等良好的个性品质,使儿童身心得到和谐发展。蒙台梭利认为,教育的最终目标是人的和谐发展及世界的美好和平。所以,在科学文化领域除了学习必要的知识、养成积极探索的求知态度外,还应有正确的情感和价值观念。引导儿童通过自主学习、小组合作、集体教学等方式发展良好的个性品质,使其对周围的人、事、物产生浓厚的兴趣。

（三）科学文化教育的内容

蒙台梭利科学文化教育的内容包括科学与文化两个方面,具体分为植物学、动物学、地理学、地质学、天文学、历史学、科学实验、人体生理学和传统文化等。

1. 植物学

蒙台梭利认为:"最能培养孩子对大自然感情的是栽培植物,因为植物不断变化并展示它的美,在自然发展过程中给予的远比索取的要多。"植物学教育能够使幼儿对大自然的感情逐渐内化成为一种对生命的珍惜与感恩。植物学内容包括植物分类(在介绍植物种类之前先区分有生命与无生命)、植物特征及生存条件等。

2. 动物学

蒙台梭利认为:"在孩子很小的时候,就应该鼓励他们学习如何照顾小动物。儿童是天生的'慈善大使',他们对大自然的一切充满激情并渴望了解。"动物学教育为儿童提供了直接与自然生命接触的机会,培养他们的爱心与责任心。动物学内容包括动物分类、动物特征及生活习性等。

3. 地理学

地理学是研究地球的一门学科,与文化密不可分。地理学教育能够使儿童了解整个世界、了解人与环境之间的关系,激发儿童爱护地球、保护环境的意识。地理学内容包括自然地理与人文地理。其中,自然地理涉及陆地与水的构成、各大洲大洋,人文地理涉及各国、各地的人种和文化等。

4. 地质学

地质学是关于地球的物质组成、内部构造、外部特征、各层之间的相互作用和演变历史的知识体系。地质学教育能够使儿童在了解地球构造、地质活动基础上,理解地质环境与人的关系,建立起环保意识。地质学内容包括地球层次结构、地貌、各类岩石和化石等。

5. 天文学

蒙台梭利认为:"如果把宇宙观通过正确的途径传授给孩子,不仅可以激发孩子的兴趣,更能激起孩子探索广袤宇宙奥秘的欲望。到那时,孩子的思想将不再神游,变得全神贯注地思考了;他们所掌握的知识也会变得有组织、有系统。"天文学教育"呈现给孩子一个完整的、有序的、联系的、和谐的、发展变化的世界,以这样的世界观来培养孩子,孩子的发展也将是全面的"。天文学内容主要涉及行星、恒星、地月系、太阳系和星座等。

6. 历史学

历史是时间流淌的过程,时间的意义依赖于一个个具体事件的产生与发展。因此,蒙台梭利主张利用时间线来学习历史。历史学的教育能够让幼儿了解时间,感受时间与人之间的关系,养成遵守时间的良好习惯。历史学内容主要涉及时间概念,如日、月、年、四季、小时、分钟等。

7. 科学实验

科学实验是幼儿探索科学奥秘的有效途径,既能培养幼儿的动手、动脑能力,又能弥补自然条件观察的局限性,还能培养幼儿对自然科学现象的兴趣,使幼儿在动手、思考的过程中愉快地完成学习任务,掌握科学知识、构建科学文化理念。科学实验内容涉及光、水、空气、电及生活常见物品等。

8. 人体生理学

生理学既是生物科学的一个分支,也是以生物机体的生命活动现象和机体各个组成部分的功能为研究对象的一门科学。蒙台梭利的生理学教育只涉及人体生理学的基础知识。通过对人体生理的讲解、结构模型的展示、器官功能的叙述,让幼儿初步掌握有关人体生命与健康的基本知识,形成正确的健康观念,学习必要的保健知识,帮助他们在以后的生活中有一个健康、美好的人生。

9. 传统文化

传统文化教育能够使幼儿感受到传统文化的博大精深,产生对传统文化的兴趣,萌发爱祖国、爱家乡的情感。传统文化内容主要涉及国粹、民俗、民间艺术、文学等多个领域。

（四）科学文化教育的原则

1. 由具体到抽象

对科学文化知识概念的学习是从具体事物开始的。如认识"有生命的植物"都是从具体的操作开始的,给儿童提供尽可能多的材料,让儿童通过感官辨识分析,最终归类总结,抽象出"有生命的植物"这一特定概念。

2. 将教育内容设计成可操作的工作

科学文化教育本身蕴含着丰富的内容,但很多是我们接触不到的,所以蒙台梭利将其制成操作性极强的教具。例如,鸟类嵌板、鱼类嵌板、植物类嵌板等。通过对嵌板的操作,我们了解了动植物的身体构造、习性等。

3. 通过感官引导学习

科学文化教育需要感官的参与。例如,视觉可以帮助儿童区别两种相似物种;触觉能丰富儿童的触摸感受;嗅觉帮助儿童了解不同物种的气味等。特别是在科学实验过程中,感官的参与可以帮助儿童掌握概念,理解物体间的关系及微妙变化。

4. 尊重儿童的自我发展

知识的探索是永无止境的。只有引导儿童进行自我探索与建构才是追求真理的永恒主题。科学文化教育体系本身的秩序性给儿童的自我探索提供了合适的平台,使儿童循序渐进地掌握概念,明白概念间的相互关系。这种自我激励充分尊重了儿童的自我发展。

（五）科学文化教育的特色

1. 蒙台梭利科学文化教育追求的是一种人生态度

蒙台梭利科学文化教育内容比传统科学文化教育更加广泛,主张系统地将世界各地的生物、地质、风俗、文化等介绍给儿童,甚至将地月系、太阳系、银河系等知识渗透给儿童。目的不仅在于扩大儿童视野、为今后的科学文化学习奠定基础,更在于使儿童在探讨人与环境的关系中建立自我概念、形成全球观和宇宙观,具备更加包容的心态。

2. 蒙台梭利科学文化教育推崇体验式的学习方法

蒙台梭利认为儿童与生俱来地能够向周围环境吸收一切。因此,她反对以教师为中心的填鸭式教学,主张让儿童在"有准备的环境"中主动学习。即便是科学、文化这样看起来深奥的知识,也要让儿童通过体验,即看看、摸摸、闻闻、尝尝、动动来获得。

3. 蒙台梭利科学文化教育给予儿童广阔的想象空间

科学文化教育以丰富、广泛而多样化的教育内容引起儿童积极的兴趣,有利于他们的自主探究性学习习惯的养成。此外,天空、世界、海底、地底等真实而生动,儿童可以站在自己的视角进行认知、想象。这种丰富而深刻的认识与想象对儿童的成长意义非凡。

二、蒙台梭利科学文化教育的课程设计

（一）生物学

问答歌是指采取一问一答或连问连答的形式来叙述事物、反映生活的儿歌。

问答歌的特点就是在问答。既然要回答问题，总得动点脑筋，所以问答歌能启迪儿童的心智，唤起儿童对各种事物的注意，帮助儿童认识理解周围的世界。

问答的方式可以多种多样：有自问自答，也有二人对诵，或者一人发问、多人对答。许多问答歌中的问和答可以延伸，由问者不断提出问题，对方不断回答，直到问完或答不出为止。

1. 鱼嵌板

（1）教具构成

由分别代表鱼头、鱼鳍、鱼鳞、鱼尾的 7 块嵌板块组成。

（2）操作材料

① 鱼嵌板 1 块。

② 代表鱼的各部位的自制字卡，白纸若干、彩笔若干。

（3）工作前经验

有观察过实体鱼的经验；有探索鱼的组成的兴趣。

（4）工作目的

① 直接目的：使儿童认识鱼的基本组成部分，对鱼的结构有初步的认识。

② 间接目的：锻炼儿童的动手操作能力和观察能力；培养儿童的科学探索精神。

（5）工作步骤

① 教师取出教具，并介绍工作名称——鱼嵌板。

② 教师将鱼嵌板上的拼图取出并按照原来的位置有序地摆放在工作毯上，介绍鱼的每个部位的拼图（鱼头、胸鳍、背鳍、腹鳍、臀鳍和鱼身）。

③ 教师按照鱼的顺序将嵌板块以画轮廓的方法放入大的嵌板内。

④ 教师可以将鱼嵌板与鱼的三步卡进行配对工作，帮助儿童加深对鱼的结构的认识。

⑤ 教师将摆好的拼图再取出来，摆好，鼓励儿童自主独立地将鱼的嵌板按照一定顺序摆放回去。

⑥ 工作结束，整理教具，放回教具柜。

（6）变化延伸

① 鼓励儿童画出鱼的各部位嵌板的轮廓，并将鱼的轮廓摆出来。

② 鼓励儿童在生活中观察其他不同种类的鱼。

③ 教师可以让儿童自制鱼的三步卡。

（7）错误控制

教具和教师。

（8）注意事项

① 教师操作的时候注意鱼的拼图要按一定的顺序摆放。

② 强调鱼的各部位拼图的轮廓与嵌板相对应。

③ 教师在摆放过程中应该强调对儿童的自主思考能力的培养。

2. 青蛙成长史

（1）教具构成

由 4 块分别代表青蛙成长各个时期的嵌板和 1 个有对应轮廓的嵌板构成。

（2）操作材料

蒙氏专用青蛙成长史嵌板。

（3）工作前经验

3岁以上的儿童，观察过真正的青蛙，并对探索青蛙的成长感兴趣。

（4）工作目的

① 直接目的：学习青蛙的各阶段成长的形态。

② 间接目的：激发儿童对两栖动物的兴趣。

（5）工作步骤

① 介绍工作名称——青蛙成长史，组织儿童取教具。

② 请儿童回忆青蛙的外部形态（青蛙是绿色的，有四条腿）。

③ 给儿童出示青蛙的各阶段嵌板图片。

④ 请儿童对拼图的各个部分进行命名，然后一起讨论青蛙各个成长阶段的形态特征。

第一阶段：黑色的小蝌蚪，一粒一粒，这是青蛙刚出生时的样子。

第二阶段：长大了的小蝌蚪，开始长出长长的尾巴，没有腿。

第三阶段：这时候的小蝌蚪变成了绿色的，长出了四条腿，后面还有一条小尾巴。

第四阶段：小蝌蚪长成了青蛙，青蛙的尾巴没有了，如图3-26所示。

⑤ 将青蛙的拼图按照生长的顺序摆放进嵌板内。

⑥ 教师工作结束，可以邀请儿童自己动手操作。

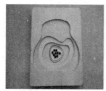 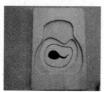 

图3-26 青蛙成长史

⑦ 收拾教具，并放回教具柜。

（6）变化延伸

① 对照着嵌板，带领儿童阅读故事《小蝌蚪找妈妈》。

② 鼓励儿童将青蛙的各个成长阶段按顺序用活动字母板摆放，与之对应。

③ 教师可以结合青蛙嵌板的操作，帮助儿童深入了解青蛙的形态，并介绍青蛙的相关知识。

（7）错误控制

教具。

（8）注意事项

教师讲解的顺序与拼图的顺序一致。

3. 树嵌板

（1）操作材料

① 树嵌板。

② 活动字母箱。

（2）工作前经验

观察过真正的树的儿童及3岁以上的儿童。

（3）工作目的

① 直接目的：学习树的各个组成部分的名称。

② 间接目的：引发儿童对植物的兴趣，增加与树木相关的知识。

（4）工作步骤

① 介绍工作名称——树嵌板，取教具。

② 给儿童出示树的拼图，帮助儿童回忆树的各个组成部分。

③ 教师将树嵌板上的拼图依次取下来摆放在工作毯上，并按照拼图的轮廓将拼图摆放在相对应的位置上。

④ 教师操作完成后可以邀请儿童自己操作。

⑤ 教师工作结束，收拾教具。

（5）变化延伸

① 将树拼图的各部分与活动字母板相对应，帮助儿童加深对树的组成部分的了解。

② 教师还可以利用树叶嵌板，给儿童讲解更多的关于树的品种或者植物生长的知识。

（6）错误控制

教师和教具。

（7）注意事项

拼图部分依次摆放。

（二）天文学

每一个儿童都有一个"太空梦"，他们对宇宙的一切都充满了好奇和求知欲，如图3-27所示。这种好奇往往会成为他们对世界进行不断探索的原动力，并伴随其一生。如何帮助儿童留住这种仰望星空的乐趣？如何给儿童解释宇宙的故事？

1. 太阳系八大行星嵌板

（1）教具构成

圆形行星运动轨迹托板1块、9块大小不一的彩色球组成了太阳系。

（2）操作材料

① 地球图片、八大行星的嵌板、太阳系图片；各星球字卡及图片。

儿童手绘图《我的太空梦》

"太空"主题儿童房

儿童天文科技馆

图 3-27　"太空梦"

② 黑板上布置好星空背景图、太阳系轨道图。

③ 太阳系轨道运转视频。

④ 家长和儿童共同查阅的太阳系资料。

（3）工作前经验

具有探究星系的兴趣并且是 3 岁以上的儿童。

（4）工作目的

① 直接目的：认识太阳系的八大行星名称；学习八大行星的排列位置。

② 间接目的：锻炼儿童的手眼协调能力；培养儿童从小爱祖国、爱科学的情感和儿童的宇宙观和科学探索精神。

（5）工作步骤

① 走线活动：播放舒缓的走线音乐，儿童自然进行走线活动。

② 在线上活动：谈话——"我生活的地球"，教师带着儿童沿着蒙氏线走线并讨论。

③ 教师取出教具，介绍工作名称——八大行星嵌板，并将嵌板上的塑料球取出按一定的顺序摆放在工作毯上。在摆放的过程中教师要介绍每个塑料球代表的行星。

④ 教师将每个塑料球按照轨道的顺序摆放在嵌板上并进行三段式教学法。（以太阳为中心，由近及远的顺序是太阳、水星、金星、地球、火星、木星、土星、天王星、海王星。）

⑤ 将完成的轨道图展现在儿童的面前，并让儿童一一指认，让儿童自己独立摆放。

⑥ 工作结束，整理教具，放回教具柜。

（6）变化延伸

① 出示八大行星三步卡，结合三步卡，让儿童将各个行星进行配对活动。

② 让儿童用活动字母拼写出各个组成部分的名称。针对年龄大一点的儿童，可以鼓励他们学习行星轨道名称的书写。

③ 让儿童将嵌板上的所有小球按大小顺序摆放在工作毯上，如图 3-28 所示。

④ 向儿童介绍行星的发现史。

（7）错误控制

教师本身。

（8）注意事项

① 教师操作的时候注意每个行星的摆放顺序要与离太阳的远近一致。

② 2006 年，国际天文联合会决定，将冥王星归纳为矮行星，太阳系"九大行星"更名

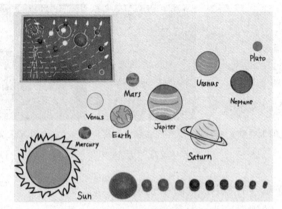

图 3-28　八大行星三步卡

为"八大行星",教师应在操作结束的时候向儿童做一个简单的介绍。

③ 教师在摆放过程中应该强调对儿童的自主思考能力的培养。

2. 太阳结构

（1）操作材料

① 太阳结构三步卡 1 套。

② 托盘 1 个、白纸和彩笔若干。

③ 工作毯 1 块。

④ 太阳镜若干个。

（2）工作前经验

对太阳知识的学习感兴趣,学习过八大行星嵌板的儿童。

（3）工作目的

① 直接目的:初步认知太阳结构的基本组成部分。

② 间接目的:由图片向文字过渡,建立抽象概念;培养科学探索精神。

（4）工作步骤

① 把儿童带到户外,戴太阳镜观察天空中的太阳。

② 把儿童带回室内,教师给儿童展示太阳的图片并介绍工作名称——太阳结构。

③ 将装有太阳结构三步卡的托盘放于工作毯的右下方。

④ 教师把图片卡和标签分发给儿童。

⑤ 教师拿出一张控错卡,放在工作毯的左上角,说:"哪位小朋友有色球层的图片卡,放在旁边。"其他卡片依此方式进行,直到所有的控错卡和图片卡配对。

⑥ 教师指着色球层的控错卡:"谁有这张图片的标签卡,请放在图片卡的下面。"依次进行,直到所有的标签卡配对完毕。

⑦ 这时可进行三段式教学法。

⑧ 教师可带领儿童进行不同的练习方式,直到儿童认识了太阳结构,并且能指认出名称:太阳、色球层、辐射区、日珥、日核、日冕、光球层、耀斑、太阳黑子、对流区。

⑨ 工作结束,收拾教具,放回教具柜。

（5）变化延伸

① 观看太阳的科普碟片。

② 介绍太阳黑子的相关知识。

③ 教师与儿童共同演唱歌曲《种太阳》。

④ 讲述关于太阳的小故事。

（6）错误控制

教具。

（7）注意事项

① 这项工作应该在了解了太阳系的八大行星后进行。

② 教师在组织儿童戴太阳镜观察太阳的时候应该注意儿童眼睛的保护。

（三）地理学

如果你想做苹果派,可是提供原料的超市又没有开门,怎么办? 在这个故事里,作者生动风趣地带着想做苹果派的小女孩环游世界寻找原料:意大利的麦子、法国的母鸡、斯里兰卡的桂皮、英国的奶牛、牙买加的甘蔗,还有美国的苹果。世界这么大,你也想去看看吗? 那就好好学习地理吧。《环游世界做苹果派》绘本如图 3-29 所示。

图 3-29　《环游世界做苹果派》绘本

1. 中国地图嵌板

（1）教具构成

由 34 块代表各省（区、市）的不同颜色的拼图和 1 个中国地图轮廓的嵌板构成。

（2）操作材料

① 中国地图嵌板、地球仪。

② 大白纸若干,剪刀、胶棒。

③ 铅笔、水彩笔和彩色铅笔若干。

（3）工作前经验

学习过世界地图嵌板的经验;事先认识中国的各个省份的经验;3 岁以上的儿童,具有探索中国地图的兴趣。

（4）工作目的

① 直接目的：能认识中国各省份、自治区和直辖市的位置。

② 间接目的：锻炼儿童的动手操作能力和主动探究的兴趣；培养儿童的空间思维和从小的爱国主义情感。

（5）工作步骤

① 教师出示地球仪，引导儿童在地球上寻找中国的位置。

② 教师将中国地图嵌板摆放在工作毯上并介绍工作名称——中国地图。

③ 教师用手指出中国地图的轮廓，轮廓像一只大公鸡。

④ 教师取出嵌板上的每一个省份的拼图进行介绍，如取出广东省的嵌板，用手指沿嵌板块的轮廓比画一圈，并在嵌板上找到广东省的区域，比画出同样的轮廓，最后将拼图放进去。

⑤ 教师按照自上而下的顺序一一介绍每一个省份的嵌板，并做相应地介绍。

⑥ 教师可以将嵌板块按照颜色来分类，帮助儿童记住每个嵌板所在的位置，进行三段式教学法认识各个省份。

⑦ 给儿童分发白纸和彩笔，每个儿童选择一块嵌板进行描画，并将嵌板独立地放回原来的位置。

⑧ 工作结束，整理教具，教具放回教具柜。

（6）变化延伸

① 儿童通过拓印自制简约中国地图嵌板。

② 儿童自制中国地图小书。

③ 带领儿童表演歌曲《大中国》，共同认识中国。

④ 请儿童指出每个省份的名称，并根据自己的经验说一说该省份的特色、特产及著名的风景区。

（7）错误控制

教具和教师。

（8）注意事项

① 教师操作的时候注意每个省份的位置摆放要按一定的顺序，帮助儿童记忆。

② 每个省份的嵌板块要摆放在相应的位置，并介绍相应的省份特点。

③ 教师在摆放过程中应该强调对儿童的自主思考能力和语言表达能力的培养。

2. 地球仪

（1）操作材料

① 1个装有沙土的褐色瓶子、1个装有水的蓝色瓶子和1个空的白色瓶子。

② 地球仪。

③ 地球、洲和洋的标签卡。

（2）工作前经验

有过地球的学习经验；学习过陆地、空气和水的儿童。

（3）工作目的

① 直接目的：了解构成地球的基本地形（陆地和水），认识和使用地球仪。

② 间接目的：培养儿童的动手能力及科学探索精神。

（4）工作步骤

① 教师分别将装有沙土、水和空气的 3 个瓶子放到儿童面前。

② 引导：小朋友，你们说这些瓶子里都有些什么？

教师：这三个瓶子里有沙土、水和空气。

③ 教师把以上材料放到一边，取出教具并介绍工作名称——地球仪。

④ 把地球仪展现在儿童面前：如果我想一次看到整个地球，就可以按照它的样子把它缩小，制作一个模型，这样就能看到全部的了。就像我们的地球仪，通过它可以看见地球上其他的地方。

⑤ 教师转动地球仪并请儿童观察。

教师：你们看到了什么？（教师鼓励儿童讨论他们所观察到的东西。）

⑥ 教师分别用蓝色的瓶子、褐色的瓶子及白色的空瓶子分别引导儿童说出水、土及空气等词。

教师：地球仪上的蓝色区域代表的是水；褐色区域在地球仪上代表的是陆地；虽然我们看不到，但地球的四周都被空气包围着。

⑦ 地球上有广阔的陆地，我们给每一片陆地起一个名字——洲。同样我们给一大片水的区域起一个特殊的名字——洋。

⑧ 教师进行三段式教学法。

⑨ 当儿童能够准确发出"地球""洲""洋"的音，教师发放标签卡供儿童自己在地球仪上操作。

⑩ 教师结束工作，并将地球仪放在地理架上，鼓励儿童自己操作。

（5）变化延伸

① 如果儿童想深入了解地球的知识，教师可以用鸡蛋向儿童说明地球的层次：拿 1 个鸡蛋，对儿童说，地球像个鸡蛋，分为 3 部分：地壳、地幔、地核。鸡蛋也是：蛋壳、蛋清、蛋黄。然后将鸡蛋打碎，让儿童观察。

② 开展关于地球的延伸活动。

（6）错误控制

教师。

（7）注意事项

① 教师在向儿童介绍地球的大洲和大洋时，应注意与对应颜色的瓶子相结合帮助儿童理解。

② 教师在介绍地球的知识时，只需简单介绍基本概念。

3. 地形三步卡

（1）操作材料

关于地形的三步卡：陆地形式、水的形式、岛屿、湖泊、海角、大海湾、半岛、小海湾、地峡、海峡、群岛、湖群。

（2）工作前经验

操作过砂纸地形图的儿童。

（3）工作目的

① 直接目的：加强儿童对地球地形的认识和鉴赏能力。

② 间接目的：由图片向文字过渡，帮助儿童建立抽象概念。

（4）工作步骤

① 教师将教具放在儿童面前，介绍工作名称——地形三步卡。

② 教师将图片卡分发给儿童。

③ 选择湖泊的控错卡将其放在工作毯的左上角，请儿童说出湖泊的名称并询问：谁手里有"湖泊"的图片卡？请放在控错卡的右边。

④ 选择岛屿的控错卡片，将其放在湖泊图片的下面。

⑤ 以同样的方式进行其他地形卡的配对。

⑥ 给儿童发标签卡。

⑦ 从第一张湖泊的图片问起：谁有'湖泊'的标签？

⑧ 请持有"湖泊"标签卡的儿童将其放在湖泊图片的下方。

⑨ 依次将标签卡与工作毯上的图片进行配对。

⑩ 教师结束工作，整理教具并归位。

（5）变化延伸

① 教师引导儿童认读"三步卡"上的字，鼓励儿童自己读出来，如图 3-30 所示。

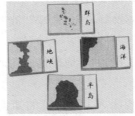

图 3-30　地形三步卡

② 有兴趣的儿童，教师可以让他们自己画出各个不同的地形图。

（6）错误控制

教具。

（7）注意事项

教师在对图片进行配对时，应保证其配对的准确性，并按照一定的顺序。

4. 火山爆发实验

（1）操作材料

① 小苏打、白醋、红色水。

② 杯子、托盘各 1 个。

③ 潮湿的沙土。

④ 直径 1cm 的棍子 1 根，底部封口。

（2）工作前经验

学习过地层的儿童并具有探索火山爆发的兴趣。

（3）工作目的

① 直接目的：通过此实验增加儿童对地质学的兴趣。

② 间接目的：培养儿童的动手操作能力及科学探索精神。

（4）工作步骤

① 教师将教具取出置于工作毯上，介绍工作名称——火山爆发。

② 教师与儿童一起，在托盘里用沙土堆成小山，把管子插到中间，只露一个小口。

③ 将小苏打粉注入管子里，大约三分之二的位置。

④ 再将白醋和红色水在杯子里调匀，慢慢倒入管中，会喷发出红色泡沫液体。

⑤ 让儿童观看"火山爆发"的情景。

⑥ 整理教具并归位。

（5）变化延伸

① 教师可以带领儿童观看有关火山爆发的实录视频。

② 通过对火山爆发实验的操作，可以延伸到地球的其他运动中，如海啸、地震等，由此可以开展一些演习，帮助儿童从小建立自我保护意识。

③ 教师可以鼓励儿童在家庭中与父母合作完成实验。

（6）错误控制

教具。

（7）注意事项

① 先放小苏打，后倒白醋，顺序不能错。

② 鼓励儿童自己动手操作，在过程中，注意将装有红色水的管子插入沙子里，以防液体流出来。

③ 教师在演示火山爆发时注意儿童的操作安全，尽量由教师自己示范。

（四）科学实验

幼儿时期的儿童，认识世界渐渐由感知走向认知阶段，看事物已不满足表面了，开始想探究事物内在的规律或如何发生的，好奇心和求知欲非常强烈，想象力越来越丰富，所以总想问"为什么"，而科学实验可以让儿童自己探究"为什么"。

1. 水中的沉浮

（1）操作材料

① 小泡沫板、石头、玻璃球。

② 雪花片、小球和塑料瓶。

③ 操作盘、记录表、笔和水盆。

（2）工作前经验

玩水的经验。

（3）工作目的

① 直接目的：观察、比较物体在水中的沉浮现象。

② 间接目的：用简单的图画记录观察和探索的结果。

（4）工作步骤

① 介绍工作名称，取教具。

② 出示托盘中的实物，让儿童观察。

③ 请儿童猜猜把这些东西放入水中后，有哪些东西会沉入水底，有哪些东西会浮出水面。

④ 指导儿童把猜想的结果写在记录表上，设置好上浮和下沉的标记。

⑤ 和儿童一起动手把材料投放到水中，实际操作后观察沉浮状态，指导儿童做好沉浮现象的记录。

⑥ 请儿童比较实验记录和先前的猜测。

⑦ 儿童对自己的实验进行总结，并与其他儿童分享，整理用具。

（5）变化延伸

① 尝试用其他材料进行同样的实验。

② 给儿童说一说《阿基米德定律》的小故事。

（6）错误控制

实验的结论。

（7）注意事项

① 指导儿童做好沉浮的标记。

② 注意参照物的选择。

2. 带电的报纸

（1）操作材料

① 1 支铅笔。

② 1 张报纸（或非常薄的纸）。

（2）工作前经验

有过静电的生活经验。

（3）工作目的

① 直接目的：知道静电的存在，培养儿童对静电的兴趣。

② 间接目的：了解静电如何产生及特性；培养儿童的观察能力及科学探索精神。

（4）工作步骤

① 介绍工作名称，展开报纸，把报纸平铺在墙上。

② 让儿童将铅笔平放，迅速地在报纸上摩擦几下后（产生静电），报纸就像粘在墙上一样掉不下来。

③ 掀起报纸的一角，然后松手，被掀起的角会被墙壁吸回去。

④ 把报纸慢慢地从墙上揭下来，注意倾听静电的声音，如果屋子里的空气干燥，"噼啪"声会很响。

⑤ 让儿童讨论一下为什么不用黏合剂，报纸也能贴在墙上掉不下来。

⑥ 工作结束，教师组织儿童收拾整理教具。

（5）变化延伸

① 小实验"带电的气球"。

② 观察生活中还有哪些"带电"的物体，鼓励儿童体验生活中的"静电现象"，如图 3-31 所示。

图 3-31　带电的报纸

（6）错误控制

教师。

（7）注意事项

在对报纸进行摩擦时注意力度，不要将报纸擦得太破。

（五）人文历史

毛毛妈妈最近碰到难题了：毛毛今年 5 岁，毛毛妈妈和毛毛爸爸现在最头痛的事就是毛毛早上喜欢磨蹭，其实毛毛起床也不算晚，可就是做什么事都慢吞吞的。本来早上的时间就非常紧，要上班、上幼儿园，可经常是唠叨来唠叨去却一点儿用都没有，反而变成习惯了！ 这不，今天早上毛毛上学又迟到了，毛毛妈妈就对毛毛发了火，看着毛毛委屈的样子，毛毛妈妈也不知道该怎么办了？ 同学们，你有没有好的办法帮帮毛毛妈妈呢？

1. 学习时钟

（1）教具构成

由 12 个上面标有 1 到 12 的数字的木制圆柱块和原木色的钟表盘构成。

（2）操作材料

① 木制时钟教具 1 套。

② 标有儿童一天活动的时间线。在长 50cm、宽 5cm 的纸带上从早晨 7 点到晚上 8 点做时间线，每段时间内贴有儿童活动的图片。

③ 时钟卡。

（3）工作前经验

学习过时钟的经验；观察过时钟；阅读过关于儿童一天生活的图书；4 岁以上认识数字的儿童。

（4）工作目的

① 直接目的：认识时钟和 1～12 点。

② 间接目的：培养儿童的动手操作能力和初步的时间观念；提高儿童对事物发展的

次序关系的认识。

（5）工作步骤

① 教师说一个谜语引出工作，教师取出教具，介绍工作名称——学习时钟。

猜一猜

我有一个好朋友，
滴答滴答不停走。
叫我上学和休息，
真是我的好帮手。

② 教师可询问儿童几个关于一日生活时间点的问题。

③ 了解基本的时间点后，教师将活动时钟上的数字和时针、分针取出，有序地置于工作毯上。

④ 教师将取出的时针分针做一个简单的介绍，然后将数字 6 和 12 先放进嵌板里，再将剩下的数字按顺序放入嵌板内。

⑤ 教师可以将刚刚儿童说出的整点时间在时钟中体现出来。

⑥ 用时钟卡配对。教师拿一张 1 点的时钟卡问"小朋友，这是几点？请你来拨到 1 点。"

⑦ 依次拿其他时钟卡，请儿童拨对应时间。

⑧ 工作结束，整理教具，教具放回教具柜。

（6）变化延伸

① 小组游戏：把 12 张时钟卡片分给 12 名儿童，教师点拨时间并问"这是几点？"请回答正确的儿童将时钟卡片举起。

② 让家长在家里的日常生活中经常给儿童渗透关于时间的概念。

③ 儿童画出自己的一日生活时间表，标上时间。

（7）错误控制

教师。

（8）注意事项

① 教师操作的时候注意时钟的时间点要按顺序摆放。

② 教师在介绍时间点时，只需要介绍整点时间。

③ 只需要让儿童初步接触时间的相关概念，教学内容应该简单易懂。

2. 地球的历史

（1）操作材料

① 彩色线轴（一个颜色代表一个地质时代，依次为黄、蓝、棕、绿、浅红、深红）。

② 具有地质时代代表性的动、植物卡片，卡片反面有各年代的介绍。

（2）工作前经验

对时间的概念有一定的了解。

（3）工作目的

① 直接目的：通过时间线来初步了解地球的历史。

② 间接目的：通过对时间轴的制作培养孩子的顺序逻辑能力。

（4）工作步骤

① 教师介绍工作名称,取教具。

② 手握彩色线轴从左上方开始放绳,彩色绳的摆放顺序依次为:黄色绳、蓝色绳、棕色绳、绿色绳、浅红色绳、深红色绳。

③ 彩线依照以上形式放完后,在各彩色绳的左右两边放有关这个年代的动、植物卡片。

④ 工作结束,收拾教具,放回教具柜。

（5）变化延伸

① 人类进化的时间轴。

② 植物进化的时间轴。

③ 宇宙的历史。

（6）错误控制

彩线代表不同的年代。

（7）注意事项

要了解每个彩线代表的年代特征。

（六）中国传统文化

1. 中国结

（1）操作材料

① 红色绳子。

② 和平鸽挂饰。

③ 剪刀。

（2）工作前经验

有过手工编织的经验;学习过中国结的相关知识;4 岁以上的儿童。

（3）工作目的

① 直接目的:让儿童学习中国结的编法。

② 间接目的:让儿童能更进一步地了解中国传统工艺文化。

（4）工作步骤

① 教师取来操作材料,置于工作毯上,介绍工作名称——中国结。

② 先将线围成三只耳朵的样子。

③ 下方两线上翻压住右侧耳朵,注意适当留空隙备用,逆时针重复刚刚的动作。

④ 将左侧耳朵传入下方两线所留空隙中,并收紧。

⑤ 顺时针,由上面两线开始,重复编一次并将编好的结收紧整理。

⑥ 和平鸽挂饰系在结的下方,可以将和平鸽下方多系几条红色绳子装饰。把美好的和平祝愿送给好友或想要送的人。吉祥结编制方法如图 3-32 所示。

⑦ 结束工作,教师让儿童自己操作,操作结束,收拾教具。

（5）错误控制

教具和教师。

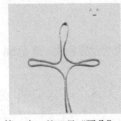  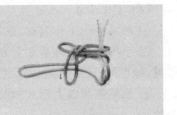

第一步，整三只"耳朵"。　第二步，下方两线上翻，压住右　第三步，逆时针，
　　　　　　　　　　　　侧耳朵，注意适当留空隙备用。　依次重复第二步的方法。

第四步，将左侧的"耳朵"　　　第五步，收紧。　　　第六步，顺时针，
穿入下方两线所留空隙。　　　　　　　　　　　由上面两线开始，重复编一次。

第七步，整理。　　　　　　　第八步，继续整理。

图 3-32　吉祥结编制方法

（6）变化延伸

① 教师鼓励儿童制作三步卡。让儿童认识各种各样的中国结并配对，熟悉相关的文字。

② 如果儿童感兴趣，教师可以提供其他的结式，如吉祥结、纽扣结。

（7）注意事项

教师在儿童自己编织的时候注意指导，帮助儿童将第一个结打出来，保证后面的结环环相扣，不会散落。

2. 中国茶道

（1）操作材料

① 茶具、各种茶叶、茶袋。

② 关于茶的视频资料，幻灯片。

（2）工作前经验

有过喝茶的经验；学习过中国茶的相关知识；4 岁以上的儿童。

（3）工作目的

① 直接目的：运用多种感官了解茶的起源和种类。

② 间接目的：让儿童了解茶文化，体验泡茶和品茶的快乐，萌生民族自豪感。

（4）工作步骤

① 教师将教具摆放在工作毯上，在介绍工作名称前先出示几个装着茶叶的茶袋让儿童闻一闻。

② 教师将茶具和茶袋从茶盘中取出，置于工作毯上，并介绍工作名称——泡茶。

③ 教师介绍茶具名称：茶杯、茶勺、茶壶、茶碗、茶盏、茶碟、茶盘。

④ 教师用烧开的水分别给茶具温杯。

⑤ 从茶袋里拿出茶叶放入茶壶中浸泡 20 秒，再将茶叶滤出，将茶叶水倒入茶盏中。

⑥ 双手拿着茶盏，并将茶盏中的水来回旋转，使茶水充分浸泡，回味。

⑦ 将茶盏中的水倒入茶杯中，教师品茶。

⑧ 教师结束工作，请儿童操作，并给教师奉茶。

⑨ 教师将教具放回教具柜。

（5）变化延伸

① 教师鼓励儿童回家给父母长辈泡茶、奉茶，学习中国的传统礼仪。

② 对有兴趣的儿童，教师可以介绍中国茶文化的历史。

③ 教师可以组织儿童闻一闻不同茶叶的味道，辨别茶叶的种类。

（6）注意事项

教师在泡茶时的工序不能打乱，每一步工序都要求教师的动作端庄优雅。

第六节　蒙台梭利艺术教育及课程设计

蒙台梭利认为人类的各种智能与体能都是因为适应环境而发展的，儿童的心理发展就是他们积极主动地吸收环境的过程，"儿童利用他周围的一切塑造了他自己"。在儿童具有吸收性心智的时期，为他们提供"有准备的环境"，使他们大量吸收"有准备的环境"中的有益成分，这即是蒙台梭利艺术教育的指导思想。

遵循这一思想，依据儿童的兴趣、内在需求，以儿童的自然发展为基础，给儿童提供一个宽松、自由、和谐的艺术学习环境，孩子们动手操作、体验、创作，成长为有个性、有独立思想、对美有感知、有艺术创造能力的人。

一、艺术教育的准备

蒙台梭利通过对儿童的观察及对所观察现象的描述，向我们展示了儿童的先天审美能力。

（一）审美感受力

蒙台梭利发现儿童对色彩、声音、光、秩序异常敏感；爱听歌曲和故事，催眠曲能使他们从狂躁变得安静；喜欢欣赏按照一定秩序排列的事物；关注细节，喜爱宁静；常被自然景象和艺术作品所吸引，等等。经过进一步观察，她发现儿童有与生俱来的对线条、色彩、音色、旋律、节奏、秩序等的审美感受能力。这些现象被蒙台梭利所意识到,认为儿童很早就具有审美感受力,当这些形式美逐渐与他们的心理发展相结合的时候,儿童就会发展他们的审美情感。也就是说,感觉要素在审美体验中起着十分重要的作用,它是儿童想象和创造力的基础。

(二)秩序感

蒙台梭利曾说:"即使在诗歌和音乐这些富于想象的世界中,也依然存在一种基本的秩序"。她认为儿童秩序感的发展使儿童能够审视和感受自然、社会和艺术中的美。她认为儿童在面对丰富多彩的世界时有一种本能的对秩序的敏感和追求,并从中获得和谐愉悦的感觉。她通过观察发现,儿童在很小的时候就有对空间格局、节奏韵律的感受和要求。他们会因一个和谐、有序的物体形式结构发生变化而烦躁不安,大哭不止,但对符合他们内心秩序排列的事物感兴趣。

二、艺术教育课程的目的

蒙台梭利认为,教育最直接的目的就在于使个体的潜能得到充分而自然地展现。她观察发现儿童对光、色彩、声音、艺术作品等有一种与生俱来的兴趣,给他们提供与此类东西接触的机会,能使他们感到愉快。另外,她还谈到了鉴赏力和创造力培养的问题。因此,基于她"内发论"的基本观点及对教育目的的论述,可以说,她认为儿童艺术教育的直接目的是使儿童与生俱来的审美感受力和理解力得到充分、自由地展现,同时促进审美心理结构及审美感受力、鉴赏力和创造力的形成和发展。

三、艺术教育的意义

(一)进入更高的精神境界

艺术以其鲜明的个性、充沛的情感、强烈的感染力,使儿童进入更高的精神境界,成为一个具有高尚情操的人。艺术教育对于人的情感的培养与提高,有着特别重要的作用,在艺术欣赏、艺术创作的过程中,儿童自由舒展内心深处的情感,有助于建立健康、完整的人格。

科学能使人成为技术专家,艺术对人的智慧和心灵产生综合性的影响,这一影响触及人的精神的任何一个角落。通过艺术的方式,儿童从更高的层次对世界进行再认识,包括所处的自然环境、社会文化、心理世界,形成自己的审美与价值判断。

(二)让孩子成为自己

蒙台梭利认为,教育的目标是"激发生命,让每一个孩子成为他自己",在这一目标下,艺术活动的贡献不言而喻,"幼儿将在自由创作中达成天赋所趋的目标"。

通过有着充分自由的艺术活动,鼓励孩子们感知并表达自己内心的想法,而不是要被他人的想法所左右;鼓励孩子们创造、表现个性,而不是要和老师或别人一样,让孩子真正成为他自己,建立逐渐强大的内心力量。

（三）发展思维能力

各种艺术活动有利于儿童的动作、感觉系统与空间能力的发展，促进包括专注力、理解与表达、想象力、创造力在内的各项能力的发展。

四、艺术教育课程的内容

艺术教育主要包括两个方面，即美术和音乐。在美术方面，蒙台梭利主张给儿童各种颜色，提供各种材料与工具，让他们进行绘画、泥工、手工制作等活动。在蒙台梭利的理念里，不需要成人刻意地教孩子，也不需要让儿童刻意地去模仿，而是让他们主动地去使用材料，做自己想做的作品。在音乐方面，蒙台梭利注重音乐的启蒙教育和儿童对音乐的感受力的培养。提倡运用游戏化的教学方式引导儿童欣赏音乐；运用音乐教具帮助儿童进行音乐知识的学习；通过打击乐，律动等途径进行表现与欣赏。

（一）音乐

蒙台梭利教学法中谈论到音乐教育的并不多，但这并不意味着她对音乐教育的忽视。相反，她强调儿童应该接受音乐的启蒙教育，因为儿童的听觉系统仍在不断完善，所以不适宜在此阶段做系统的音乐技巧的训练，等他们大一些才能培养真正的兴趣。她提倡教师应为儿童创造良好的音乐教育环境，提高儿童对音乐的感受力。

蒙台梭利的音乐启蒙教育主要包括以下三个方面。

1. 旋律和韵律活动

所谓旋律和韵律活动，是指儿童随着音乐的旋律和韵律有节奏地舞动手脚、行走跑跳等，这样的活动能够激起儿童对音乐的喜爱并培养他们的欣赏能力。蒙台梭利认为，儿童具备节奏感，对旋律和韵律十分敏感，一旦他们感受到音乐的旋律和韵律，他们的手、脚甚至全身都会跟着节拍做各种动作。蒙台梭利独创了一种"走线"活动，这种活动既可以刺激运动器官，又能为进入韵律性活动提前做好准备。在这项活动中，儿童以写在地板上的线作为引导，配合优美的音乐节奏走，在感受音乐的过程中可以随意地变化姿势，如快走、慢跑等。这样可以发展他们的平衡感和身体协调能力，这也是学习舞蹈的必备基础，同时也为以后的音乐学习提前做好准备。一段简单的音符不断重复，有时加上不同性质的对比旋律，还可以培养儿童的音乐感受力和用行动来表达音乐的能力。

2. 演奏乐器

蒙台梭利认为，乐器的弹奏是儿童音乐能力发展的重要内容。在她看来，简单而且原始的乐器最适合儿童使用，因为它们可以唤起儿童心灵的音乐。蒙台梭利专门为儿童设计了音感钟教具，把它也用作演奏的乐器。她还主张以小组活动或团体游戏的方式进行乐器的演奏，一方面可以让儿童感受音乐带给他们的美好，另一方面还可增强儿童之间的分工与合作。

3. 识谱与记谱

蒙台梭利主张儿童可以学习音乐基础知识，但前提是通过教具来帮助实现。她主张让儿童进行五线谱知识的学习，并且配合趣味性的教学方式，使儿童自然而然地学会。在我国,并不主张对幼小儿童开展识谱与记谱内容的学习,认为其比较枯燥、抽象。而蒙台梭利在这一点的突破和创新,值得我们深思。在这里,我们很有必要对教具做说明。

音感钟:可以帮助儿童辨别乐音的高低,整组有 13 个音,是蒙台梭利音乐教育最基本的教具,是儿童认识音乐、感受音乐的基础。它的直接目的是培养儿童辨别高低音的能力,间接目的是作为鉴赏音乐的准备,有助于增强儿童听力、注意力、意志力,更能促进其手腕的柔软,为写字做好准备。通过音感钟的教学,儿童了解了基本的音阶 do、re、mi、fa、so、la、xi,还可以运用音感钟进行音符的配对和排序练习。

五线谱板:一块漆成浅绿色的木板,上面用黑色的颜料做出五线谱。在五线谱的每条线上及线与线之间的空白处都刻有一些圆孔,可以将 do、re、mi、fa、so、la、si 的小圆片嵌入。为了能让儿童放在正确的位置上,每个圆孔上面写着对应的数字(1、2、3、4、5、6、7、8),小圆片的背后也写有相同的数字。这样,儿童通过练习便可以学习每个音符在五线谱上的位置及高音谱号和低音谱号的排列。

(二)美术

在蒙台梭利教室里,既可以在审美和丰富的感觉经验方面看到对蒙台梭利观点的反映,也可以看到教师已经意识到了视觉艺术和符号意义在儿童自我表达中的重要性。环境中有大量可供自我表达的艺术媒介,如油画、泥塑、抽象派的拼贴画材料,各种不同的绘画和颜料等。具体涵盖绘画和陶艺两个方面。

1. 绘画

蒙台梭利注重儿童的自我学习与发展。她认为绘画的基础和写字的基础是相同的,都要通过一系列手指活动练习和握笔能力练习来完成。

蒙台梭利主张"自由绘画"练习,即给儿童提供合适的材料,允许他们以任何方式画自己想画的任何东西。她认为这种练习是儿童表达自我的一种手段,"其意义在于它能反映出孩子的观察力及个性倾向"。因而在儿童表达的绘画过程中,应充分相信儿童,给儿童充分表达的自由,使其不要拘泥于画法和内容。开始时,儿童的画一般都是杂乱不成形的。即便如此,教师也不给予实际的指导,而只是询问儿童想画的是什么,在画纸上做下记录。逐渐,儿童的画就变得可以理解了,他们往往把所观察到的细微的东西都表现在画纸上。

关于"填色"练习,蒙台梭利认为儿童必须先画出几何形状,然后用特别的拿笔方法在图形里面填满颜色。这种练习"既不是绘画,也不是写字,它是两者的起点"。真正的作用是要说明手部的肌肉练习是书写工作的基础。在实际的教学过程中,蒙台梭利证实了手和感觉的准备,自然而然地为书写和画画的表达提供正确的帮助。因为在儿童的书写和算术练习纸上,经常会出现很多装饰性的图画。有的还被做成纸张边缘的装饰边。虽然没有直接授课,但他们会画出花、鸟、风景和其他令人惊叹的素描。蒙台梭利认为,绘画可以分解成两个元素——线条和色彩,两者可以相互独立。如果儿童同时拥有它们,又可以让它们合作无间的话,就可以用艺术的手法来表达自我了。她认为儿童对于轮廓与颜色的了解需经由特定练习而获得发展。在线条方面,除了自由绘画和画圆练习以外,儿童还可以描画嵌圆板的外缘或用线条将它填满。

在色彩方面,蒙台梭利为儿童准备了许多轮廓图案,包括各种动植物和风景画,教师会告诉他们使用方法。他们可以自由选择用彩色铅笔、水彩笔或粉蜡笔进行着色练习,对颜色的选用也完全是自由的。此外,还可以剪下色纸做组合造型的艺术。这些经过处理的纸张,颜色会呈现不同的层次,儿童可以欣赏到和谐的颜色组合。

2. 陶土工艺

蒙台梭利关于泥塑练习的内容沿袭了福禄贝尔体系的内容,她认为这是福禄贝尔理论中最合理的部分,应当保留下来。所不同的是,蒙台梭利的泥塑练习建立在儿童自由的基础上,并不需要仿制任何东西,而是要求儿童按照自己的意愿去制作。儿童能塑造出许多精彩的泥塑品,细微地再现他们所观察到的东西。更令人惊奇的是,塑造出的模型不仅能反映出实物的形状,甚至还能反映出实物的尺寸。蒙台梭利指出陶器具有极高的艺术价值,一旦学会了制陶工艺,儿童就可以根据自己的审美爱好和艺术灵感进行塑造。所以,在蒙台梭利学校设有制陶和烧陶的课程。经过两三堂课的学习之后,儿童就可以用他们的塑造技术仿制各种容器和小物品。在烧陶练习中,儿童最常做的练习就是烧制砖块,并用来搭建墙与建筑物。蒙台梭利认为,通过这样的练习,儿童的艺术表现能力和鉴赏能力得到了锻炼和提高。

(三)特殊的艺术表现力——环境"美"

蒙台梭利是教育中的环境美学的先锋,她看到了环境中的审美质量和总体平衡对年幼儿童的发展起着重要作用。她喜欢用间接的环境布置法来对年幼儿童实施美育。她感到,在儿童成长的早期环境中,用优美的、精心挑选的艺术作品来布置环境十分重要。

蒙台梭利认为,"儿童之家"应该体现出"简单,淳朴,优雅,自然,美观和大方相一致"的风格。因此,在装饰上力求简洁美观。这样不仅能唤起儿童的艺术性美感还能有助于儿童专注力的培养,达到安定疲惫心理的效果。她曾建议说,意大利全国各地都遗留着许多艺术珍宝和具有独特艺术传统的古代家具,人们应该下一番功夫到各地去寻找并研究那些富有艺术性的设施和装饰性材料,将这些设施和装饰性材料运用到"儿童之家"中。

蒙台梭利非常强调环境的秩序性,她认为理想的环境应使儿童安静而有秩序。在"儿童之家",教室是美观、大方、整洁的,一切陈设秩序井然:提供的教具材料按等级层次类别存放在固定的橱柜架上;各种用具和教具的取放、使用及操作方法都应遵循一定的要求和规则,并要随时考虑到对其他人是否方便以及自己的行为是否文明等问题。另外,她还强调所有的设备和材料都应力求清洁、美观,有鲜明、协调的颜色。

第四章 蒙台梭利课程实施

在国办发〔2019〕15号文件中,提到"3岁以下婴幼儿照护服务是生命全周期服务管理的重要内容,事关婴幼儿健康成长,事关千家万户。应建立完善、标准的规范体系,多形式开展婴幼儿照护服务,促进婴幼儿健康成长、广大家庭和谐幸福。现有的托育中心、幼儿园,应按照儿童优先的原则,确保婴幼儿的安全和健康。遵循婴幼儿成长特点和规律,促进婴幼儿在身体、动作、语言、认知、情感与社会性等方面的全面发展,并在2025年初步建成规范化、标准化、多元化、多样化的婴幼儿照护服务体系"。在蒙台梭利教学体系中,科学地设置了婴幼儿照护的一日流程,尊重孩子自然发展,呵护孩子健康成长。在蒙氏教室里,老师布置符合婴幼儿身心需求的真实环境,在蒙氏课堂中为孩子提供丰富的教具,逐渐发展孩子的综合能力,通过有趣的主题活动,促进幼儿建立身体、意志、思想的独立能力。

第一节 环 境 创 设

教学目标

1. 理解环境创设的类型和不同环境创设的具体内容。
2. 能够根据环境创设的内容,发挥自己的创造力,模拟创设幼儿园环境。
3. 创造出幼儿喜爱的教室环境。

一般来讲,蒙台梭利教育对于教室的环境有明确的规定。这里的教育环境单指教室环境。一个良好的环境的标准应该是有效地利用各种空间、合理地设计各种环境构成要素、美观地布置各种器材设备,这样可以使儿童更加愉快,能支持儿童大胆、持续地去探索。在这样的环境中工作,儿童的社会性和认知会得到更好的发展。一个优良的环境可以使教师更便利地去观察儿童的活动状态并能及时地给予儿童帮助。

一、真实环境的维护

(一)适合儿童的真实生活环境

蒙台梭利教室里面有为儿童量身定做的桌椅、用具。所有的家具都适合儿童的体型、身高。家具、用品设计精美、轻巧、可爱,仿佛为儿童创设了一个梦想的家园。

（二）教室装饰

蒙台梭利教室的环境要求整洁、自然、舒适，所以蒙台梭利教室里的绿植特别多。这些点缀在教室里的绿色植物散发着生命气息，充满活力。教室里还有漂亮的摆件，少许美丽的画作，轻盈透亮的窗帘，某些镂空的窗棂透出柔和的光亮，这些无一不给儿童美的享受。

（三）教具及教具架的维护

蒙台梭利教室按蒙台梭利教育分为日常生活区域、感觉区域、数学区域、语言区域和科学文化区域。五大区域按照顺时针方向分布，各区域的环境相对独立，用教具架分隔开，呈半开放式。

1. 教具架

教具架为蒙台梭利教具工厂生产，每个区域的教具架根据摆放的教具不同，格式设计略有不同。每一区域的教具架摆放基本呈"Ⅱ"形。

2. 教具

蒙台梭利教具全部摆放在教具架上。摆放的顺序按照从上到下、从左到右、从简单到复杂、从具体到抽象、从经典教具到延伸教具的原则，体现结构性和秩序性。同类但不同难易程度的教具摆放在同一层，按照从左到右的顺序摆放。教具摆放与教具架边缘对齐，可贴教具名称的标签，便于儿童拿取。

（四）各区域的具体要求

1. 日常生活教育区域

日常生活教育区域需要接近水源、通风、有阳光，要位于靠近教室门口的地方。因为日常生活教育内容会用到水，还要去盥洗室取放许多工具，因此日常生活教育区域要靠近门口，有较大空间存放操作工具。日常生活教育区域需要桌子。日常生活教具按照动作练习、照顾自己、照顾环境、社交礼仪的顺序摆放。日常生活教育区域还可以摆放一些促进感觉教育的日常生活物品。

2. 感觉教育区域

感觉教育需要练习各种感觉器官的敏锐度和精确度，所以需要安静的环境，感觉教育区域要离开门口。因为大多数感官教具都在工作毯上进行操作，所以可以不用放置桌子。感官教具按照视觉教具、听觉教具、触觉教具、味觉教具、嗅觉教具的顺序摆放。

3. 数学教育区域

数学教育区域要紧挨着感觉教育区域，数学工作要摆放桌子。数学教具按照数量概念的练习、十进制、连续数、四则运算、分数的顺序摆放。还可以摆放时钟、体重计、温度计等器具。

4. 语言教育区域

语言教育区域需要环境安静，光线要充足、柔和，接近窗户，以利于儿童阅读和书写工作的进行。阅读区可以提供靠垫、绿植等，为儿童创设优美的环境。语言教具按照听、说、读、写的顺序摆放。

5. 科学文化教育区域

科学文化教育区域涵盖的内容丰富,科学文化教育有时还需要做各种实验,因此这个区域需要有水、有电,还要配备足够的桌子。科学文化教具按照自然科学、人文科学的顺序摆放。

(五)常规环境维护

环境要保持卫生、整洁、安全、有秩序。

二、主题活动的环境创设

主题活动的环境创设是指根据班级主题活动的内容,在各个区域设计、提供与主题相衔接的活动材料。

(一)自然环境的创设

自然环境的创设主要指在教育整体环境中为儿童提供与主题相关的装饰、材料、角色选择、场景布置等内容。丰富刺激的、真实而自然的环境可以激发儿童探索的欲望,从而满足其需要,促进其发展。

(二)各区域教具材料的设计与投放

教师可以在各区域的延伸教具中投放与主题活动相关的教具材料,使儿童自由选择、操作,获得与主题活动相关的所有经验。例如,在"神秘的太空"主题活动中,教师可以在日常生活区域投放类似于宇航服的材料,儿童可以练习穿脱。在感觉延伸操作区域可以投放太空垃圾的照片、影像资料,儿童可以自由观看。在数学区域可以投放行星之间距离的缩略图,儿童可以去丈量记录。在语言、科学文化区域可以投放各种定义册、小书,儿童可以自由阅读。这些环境中的材料的设计与投放可以全方位地为儿童进行主题活动提供各个学科的知识、经验。

三、人文环境的创设

教室的氛围也是环境创设的主要内容。儿童在环境中进行工作、获得发展,教师要为儿童创设安全、自由的心理环境。良好的环境创设除了需要物理环境的支撑之外,还需要有一个适宜的心理环境。安全的心理环境需要教师时刻是积极主动的支持者,儿童自主地进入这个环境,环境中的每一个人都互相尊重,彼此帮助,共同努力,取得进步。儿童在出生后几年内飞速成长和学习,他们的主动性、自主性和自我服务能力都得到了发展。安全的环境为儿童的发展提供了保障,教师与儿童之间、儿童与环境之间建立相互信任的关系,可以更好地促进儿童的全面发展。教师尊重儿童的选择,创设一个自由、轻松的心理氛围,不干扰儿童的任何操作活动,这样儿童可以安心、专注地投入各种活动。

第二节 教 具 制 作

教学目标

1. 知道各类教具的样式,理解各类教具的教育目的,掌握各类教具的操作方法。
2. 能够寻找素材自制教具,能够动手操作教具并与孩子协作使用教具。
3. 把教具恰当地融合到活动设计中。

从 20 世纪起,蒙台梭利教学法以独特的教育理论和独具特色的教具开始影响我国的幼儿教育界,各地不同的蒙台梭利教育模式层出不穷。在蒙台梭利教学法中,教具是"有准备的环境"的核心要素。蒙台梭利通过开发一系列适合儿童操作的教具来满足儿童发展的需要,开发设计教具被看作蒙台梭利教师的优良传统之一。但是,随着教育的发展和各国风俗的不同,起源于意大利的蒙台梭利教学法经历了 100 多年的历史,虽然优越性可见一斑,但其在中国的应用也存在各种问题:首先,蒙台梭利经典教具价格高昂;其次,蒙台梭利经典教具存在不完善的问题;最后,蒙台梭利经典教具缺乏"中国化"特色。针对一些不太可能负担起所有昂贵的经典教具的幼儿园和家长的情况,在具体感知经典教具特点的基础上,结合蒙台梭利教具的制作原则及中国儿童的普遍教育形式,教育者可以先尝试模仿经典教具的特点和样式,围绕同一教育目标设计多种教具开始,满足儿童反复操作的需要。随着对儿童的观察和对教具的深入思考,可以创造性地制作出更富有个性的教具。以下将从蒙台梭利教育的 5 个方面入手,针对日常生活教育、感觉教育、数学教育、语言教育、科学文化教育对教具进行制作考量。

一、蒙台梭利日常生活教具的制作

(一)三指抓练习(鞋带穿洞)

直接目的:学会用拇指、食指、中指协调持物,控制手部小肌肉的力量。

间接目的:

(1) 培养儿童的专注力、独立性与认真做事的态度。

(2) 加强手部小肌肉的控制能力及稳定性,完成书写的早期准备工作。

材料准备:雪花片(或珠子、吸管、带孔瓶盖等)。

制作流程:

(1) 准备一些雪花片,或者收集生活中的废旧物品,如打好孔的瓶盖、珠子、吸管等。

(2) 准备几条鞋带,将鞋带一边打一个大结,注意穿洞时雪花片不会从另一头掉出去(见图 4-1)。

除此之外,还有拧螺丝(见图 4-2)、开锁(见图 4-3)、

图 4-1 三指抓练习

使用筷子(见图 4-4)。

图 4-2　拧螺丝　　　　　图 4-3　开锁　　　　　图 4-4　使用筷子

(二) 衣饰框(按扣)

直接目的:学会按扣的使用方法。

间接目的:

(1) 锻炼儿童手指的灵活性,培养儿童的生活自理能力。

(2) 培养儿童细心、耐心等品质。

材料准备:木块 4 片、按钮 4 个、环保购物袋 1 个。

制作流程:

(1) 裁剪 4 片木块,钉成一个正方形框。

(2) 把购物袋裁成与框大小一样,将购物袋缝在框的两边。

(3) 把按钮纽扣钉在购物袋中间开口的两边即可(见图 4-5)。

图 4-5　衣饰框

二、蒙台梭利感觉教具的制作

(一) 视觉教具(长棒)

传统的蒙台梭利教具中的长棒由 10 根红色的木质长方体构成,每根长度为 10～100cm,以 10cm 为等差,粗细相等。在自制时,可以按比例缩短传统的长棒长度。

直接目的:了解长短概念。

间接目的:为数棒学习打下基础。

材料准备:泡沫板、即时贴。

制作流程：

（1）在泡沫板上，先量出一根"1"长棒的长度量，然后计算出各长棒所需要的长度，每根长棒由3层泡沫板组成。

（2）贴上红色即时贴即可（见图4-6）。

图 4-6　长棒

除此以外，还有套娃（见图4-7）、插座圆柱体组（见图4-8）、认识颜色（见图4-9）、认识几何图形（见图4-10）。

图 4-7　套娃

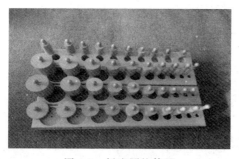

图 4-8　插座圆柱体组

图 4-9　认识颜色　　　图 4-10　认识几何图形

（二）听觉教具（听筒）

直接目的：区分声音的强弱变化，对声音进行配对。

间接目的：

（1）锻炼儿童听觉的敏锐性和分辨力。

（2）区分生活中不同的声音。

（3）发展儿童的秩序感、专注力、协调性和独立性。

材料准备：纸箱、玻璃瓶、彩色纸绳。

制作流程：

（1）用纸绳一圈圈包住玻璃瓶，然后用双面胶粘住。

（2）将纸箱裁剪成合适大小的盒子，用透明胶布粘牢即可（见图 4-11）。

图 4-11　听筒

（三）触觉教具（触觉板）

直接目的：通过触觉的感知训练儿童精准的触觉感受。

间接目的：

（1）训练儿童触觉的敏锐性和分辨力。

（2）为学习书写做好准备。

（3）发展儿童的秩序感、专注力、协调性和独立性。

材料准备：各种纸质材料。

制作流程：

（1）收集美术活动中常用的各种材质的纸张，按粗糙程度不同摆列在泡沫垫上。

（2）从右到左、由上往下、表面由粗到细依次排列。分别是：瓦楞纸、皱纹纸（厚且有延展性）、皱纹纸（薄，延展性差）、皱纹纸（无延展性，表面有纹理）、轻泡纸、卡纸、即时贴、光面纸（见图 4-12）。

（3）可以在某一区域，如地板、墙壁设置一块"触觉区域"，铺上粗糙程度不同的材料，供儿童用手触摸感知。

图 4-12　触觉板

三、蒙台梭利数学教具的制作

（一）数棒

传统的蒙台梭利教具中的红蓝数棒由 10 根木制长方体构成，每根长度在 $10\sim100$ cm 之间，每隔 10cm 分别涂上红、蓝两色。红色部分表示奇数，蓝色部分表示偶数；最短棒代表"1"的量，最长棒代表"10"的量。在自制教具时，可以按比例缩短传统的数棒长度。

直接目的：学习 $1\sim10$ 连续的数量和数数。

间接目的：

（1）导入数的概念。

（2）为学习十进位法打基础。

材料准备 1：泡沫板、即时贴。

制作流程 1：

（1）在泡沫板上量出一根"1"的数棒的长度量，计算出各数棒所需的长度，每根数棒由 3 层泡沫板组成。

（2）在红色和蓝色的即时贴上，剪出若干个"1"的数棒长度量，奇数贴红色，偶数贴蓝色（见图 4-13）。

图 4-13　泡沫板制作的数棒

材料准备 2：塑料瓶盖、一次性筷子、纸盒。

制作流程 2：

（1）准备若干个两种不同颜色的打孔的瓶盖。

（2）将一次性筷子或准备小木棍固定在薄木板或厚纸盒上，整齐排列需要的列数。

（3）对相应的瓶盖进行堆叠，比较长短、认识顺序（见图 4-14）。

材料准备 3：塑料瓶盖、一次性筷子、纸盒。

制作流程 3：

（1）准备若干个打孔的瓶盖，在瓶盖上标注圆点。

（2）将一次性筷子或准备小木棍固定在薄木板或厚纸盒上，整齐排列需要的列数。

（3）对相应的瓶盖进行堆叠，比较长短、数数（见图 4-15）。

图 4-14　塑料瓶盖制作的数棒 1

图 4-15　塑料瓶盖制作的数棒 2

除此以外,还有砂纸数字板(见图 4-16)和"数""量"对应(见图 4-17)。

图 4-16　砂纸数字板

图 4-17　"数""量"对应

(二)认识连续数(塞根板)

直接目的:学习数字 11~99 的组合形式。

间接目的:

(1)为儿童养成数学心智做准备。

(2)发展儿童的秩序感、专注力、协调性和独立性。

（3）为儿童学习数字 11～99 的书写做准备。

（4）为儿童将来学习十进位系统做准备。

材料准备：扑克牌。

制作流程：

（1）在扑克牌上覆盖一层白纸，用记号笔写上数字 1～9，制作出若干数字纸牌。

（2）用泡沫纸板剪裁两片长为 50cm、宽为 10cm 的长方形。

（3）再剪裁 5 片长为 10cm、宽为 1cm 的长方形条，将（2）中的长方形均分为 5 份，并用记号笔分别写上 10、20、30、40、50、60、70、80、90（见图 4-18）。

图 4-18　塞根板

（三）四则运算（彩色数棒）

传统的蒙台梭利教具中的彩色数棒由 10 根木制长方体构成，每根长度在 10～100cm 之间。每根数棒有两部分组成数字"10"。在自制教具时，可按比例缩短传统的数棒长度。

直接目的：学习十以内加减法。

简介目的：发展儿童逻辑思维能力。

材料准备：泡沫板、即时贴。

制作流程：

（1）在泡沫板上，先量出一根"1"的数棒的长度量，然后计算出各数棒所需的长度，做出一根数棒"10"的长度量。

（2）用不同颜色的即时贴出"1～9、2～8、3～7、4～6、5～5"的数棒长度量（见图 4-19）。

图 4-19　彩色数棒

其他还有加法板（见图 4-20）、减法板（见图 4-21）、乘法板、除法板（见图 4-22）。

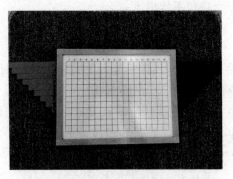

图 4-20　加法板

图 4-21　减法板

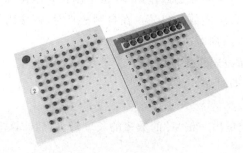

图 4-22　除法板

（四）认识分数（分数泡沫球）

传统蒙台梭利教具中，分数小人是木制材料，如同"人"的造型。木制材料不便于制作，可以利用生活中的泡沫球切割、不织布缝补等方法进行立体造型的改造，或者做成平面的图案，再进行均分，让儿童进行组合拼接。

直接目的：通过视觉和触觉让儿童感受一个整体可以分成等量的若干份。

间接目的：为儿童养成数学心智做准备；发展儿童的秩序感、专注力；为儿童将来学习分数做准备。

材料准备：泡沫球、超轻土。

制作流程：

(1) 将泡沫球分别排成 1、2、3、4 等份摆放好。

(2) 使用超轻土对它们的颜色进行区分（见图 4-23）。

图 4-23　分数泡沫球

除此以外，还有分数蛋糕（见图 4-24）。

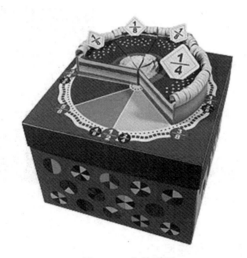

图 4-24　分数蛋糕

四、蒙台梭利语言教具的制作

（一）口语练习教具（砂纸字母板）

直接目的：了解字母的读法（配合语音盒使用）。

间接目的：为儿童口语发展奠定基础。

材料准备：砂纸、泡沫板。

制作流程：

（1）将泡沫板裁成相等的小方块。

（2）照着字母的模型用砂纸剪下（注意：应将字母反写于砂纸背面再进行裁剪）。

（3）做好后粘贴于泡沫板上（见图 4-25）。

图 4-25　砂纸字母板

其他还有活动字母箱（见图 4-26）、砂纸双字母板（见图 4-27）。

图 4-26　活动字母箱

图 4-27　砂纸双字母板

（二）书写练习教具（砂纸笔画板）

直接目的：学习汉字笔画的书写和发音。

间接目的：为儿童以后书写汉字奠定基础。

材料准备：砂纸、泡沫板。

制作流程：

（1）将泡沫板裁成相等的小方块。

（2）照着偏旁的模型用砂纸剪下（注意：应将其反写于砂纸背面再进行裁剪）。

（3）做好后粘贴于泡沫板上（见图 4-28）。

其他还有偏旁砂纸板（见图 4-29）。

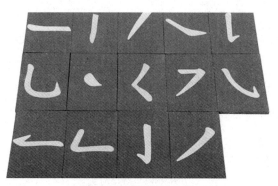

图 4-28 砂纸笔画板

图 4-29 偏旁砂纸板

五、蒙台梭利科学文化教具的制作

（一）历史教具（活动时钟）

直接目的：

（1）在巩固认识整点半点的基础上，认识 5 分钟的时间。

（2）加深对钟表表盘构成的认识，钟面上一共有 12 个大格、60 个小格，1 小格是 1 分钟，60 分钟是 1 小时。

间接目的：有一定的时间概念，懂得珍惜时间。

材料准备：纸盒、海绵泡沫垫、瓶盖。

制作流程：

（1）准备 4 个红色、8 个蓝色的瓶盖，分别写上 1~12 的数字。

（2）准备两张海绵泡沫垫，重叠嵌入纸盒，在上面一张泡沫垫上挖出 12 个瓶盖大小的孔，将瓶盖嵌入孔里。

（3）用海绵垫剪出分针、时针，上下以双脚钉固定在中间，便可自如转动（见图 4-30）。

除此以外，还有日历表（见图 4-31）；昨天、今天、明天（见图 4-32）。

图 4-30　活动时钟

图 4-31　日历表

图 4-32　昨天、今天、明天

（二）地理教具（地图拼图）

直接目的：从整体上认识自己的祖国，了解中国各省市的名称。

间接目的：萌发爱祖国、爱家乡的情感。

材料准备：泡沫板、各省市外形图。

制作流程：

（1）将中国各省市的外形放大打印下来，用泡沫板沿边剪裁。

（2）做好两层的泡沫板，将上面一层照着比例裁剪出中国地图的外形轮廓。

（3）用相同的方法做出各种人物、动物、植物、静物的各个部分，让儿童自行完成拼图活动。

（三）天文学教具（八大行星拼图）

直接目的：增加对太阳系的兴趣，认识八大行星，了解行星沿着轨道围绕太阳运行。

间接目的：为学习八大行星三段卡做准备，培养儿童的宇宙观及科学探索的兴趣。

材料准备：泡沫板、超轻土、磁铁。

制作流程：

（1）在泡沫纸上绘制出运行的轨道。

（2）用超轻土捏出各行星的大小，并在各行星下固定上小磁铁，操作模拟运行的方向（见图 4-33）。

图 4-33　八大行星拼图

第三节　主题活动实施

教学目标

1. 理解主题活动撰写的步骤和具体内容。
2. 能够完整地撰写出主题活动设计并具有一定的创新性。
3. 在幼儿园开展一次主题活动。

一、主题活动

主题活动是指选择儿童感兴趣的、贴近儿童生活的某一主题，综合组织各个学科内容，围绕这一主题展开系列活动，使儿童获得关于这一主题的多学科、全方位、多元化的知识和经验。现在幼儿园的教学方式大多以主题活动为主，主题活动因其贴近儿童生活、更系统、更具灵活性的特点受到儿童的喜爱。在活动组织过程中应以主题为核心，综合各个学科内容，使人文主题结合学科知识经验，两条教育的线索相结合，既要关注儿童的个性需要，又要考虑科学知识，教育定位是要使儿童取向和学科取向相结合。

二、主题活动的设计

（一）选择主题

设计主题活动首先要确定活动的主题。选择活动主题时，需要考虑以下几方面。

首先，要考虑主题是否符合儿童的身心发展特点和规律。活动应以儿童发展为本，选择儿童感兴趣的、能促进儿童知识经验的获得、符合儿童的心理年龄特点和认知能力水平的主题。

其次，要考虑主题是否体现蒙台梭利教育理念。活动主题要体现蒙台梭利教育理念，要能促进儿童自主学习、自由活动、发展独立性。

最后,要考虑主题是否能实现五大领域内容的整合和共生,既要考虑儿童的个别差异,又要促进儿童的全面、和谐发展。

选择活动主题时还要考虑季节性因素、风俗文化因素、地区性因素、时代性因素等。例如,"神秘的太空""快乐的'六一'""秋天真美丽""有趣的两栖动物"等都是很好的主题。

(二)撰写主题活动计划

1. 确定目标

撰写主题活动计划的第一步是确定主题活动目标。每一个主题活动都要有一个总的活动目标,这个总目标要依据本地、本园的实际来制定,要符合儿童的发展水平,要遵循儿童受教育的"敏感期",同时要贯彻国家纲领性文件的精神,还要符合蒙台梭利教育目的和教育内容。

2. 确定思路

根据目标来确定主题活动的思路,即从哪些维度来组织活动以完成总目标,是从学科维度、还是从儿童感兴趣的内容维度来确定? 例如在撰写"神秘太空"主题活动计划时,教师确定了四个思路,如表 4-1 所示。

表 4-1　主题活动思路

主题名称:神秘的太空		
序号	内　容	活 动 领 域
1	火热的太阳	日常生活、感觉、语言、数学、科学文化、艺术、环境创设
2	迷人的月亮	日常生活、感觉、语言、数学、科学文化、艺术、环境创设
3	闪烁的星星	日常生活、感觉、语言、数学、科学文化、艺术、环境创设
4	我的梦想	日常生活、感觉、语言、数学、科学文化、艺术、环境创设

3. 确定活动内容

确定了思路之后,再按照思路来选择和组织各领域的活动内容,如表 4-2 所示。

表 4-2　主题活动内容

主题名称:神秘的太空				
序号	学科领域	活 动 内 容		
1	日常生活	太阳的热与冷	跟外星人见面的礼仪	外星人怎么走路	……
2	感觉	太阳与月亮的颜色	太空的温度	听听天空的声音	……
3	语言	月亮的小诗	阅读太空的书	听中国空间站的故事	……
4	数学	数星星:个十百千	星球之间的距离	神州 12 号载人飞船的速度	……
5	科学文化	月球的三部分卡	太阳定义册	八大行星的模型与嵌板	……
6	艺术	小星星	绘画神秘的太空	绘画我的梦	……
7	环境创设	太空之境	飞天	各种各样的太空飞行器	……

4. 计划活动的时间

如"神秘的太空",教师确定总的活动时间为四月,用一整个月来完成这个活动主题,如表4-3所示。

表4-3 四月主题活动设计

主题名称:神秘的太空		
序号	周　　次	活 动 内 容
1	第一周	火热的太阳
2	第二周	迷人的月亮
3	第三周	闪烁的星星
4	第四周	我的梦想

5. 整理教学资源

根据每个活动内容准备所有的教具和教学资源。为了教学的需求有时还需要教师亲自制作教具,例如月亮的小诗、太阳的定义册等。

6. 撰写活动计划

活动计划的格式要求如下。

一、主题活动名称:×××。

二、主题活动目标:

1.……;

2.……;

3.……;

4.……。

三、主题活动时间:____年____月____日——____年____月____日。

四、主题活动内容,如表4-4所示。

表4-4 主题活动表

序号	活动名称	活动领域	活动目标	教具准备	活动方式	备注
1						
2						
3						
4						
5						
……						

五、活动反思。

主题活动计划是针对主题的计划和设想,在实施过程中教师要根据教学、儿童的兴趣和需要灵活机动地删减或增加活动内容,调整活动方式,对儿童在活动过程中的表现做出及时的反馈,以更好地实现主题活动的目标。

第四节　一日活动实施

教学目标

1. 了解幼儿园一日活动实施的具体内容。
2. 能够根据幼儿园一日活动的内容,顺利在园实施。
3. 知道幼儿园一日活动规划的范式。

一、一日活动规划

一日活动规划是指教师在日常教学过程中,按照教育的基本要求和目标,根据儿童的各个领域能力发展水平,灵活地计划儿童一日活动内容。例如,某一天的走线音乐选择、团体示范工作的确定、户外运动项目的选择、阅读书目的变动等内容都属于一日活动规划的范畴。

二、一日活动的规划依据

一日活动的规划对教师的教学能力和综合素质的要求较高。确定一日活动内容的依据如下。

(一)对大多数儿童各领域发展水平有一个整体把握

要做到这一点,教师必须对所有儿童的日常操作过程进行观察、记录和分析,基本了解各年龄阶段儿童的各领域能力发展水平,并且持续进行每日观察和阶段评价。

(二)熟悉各年龄阶段儿童的教育目标和发展指标

要做到这一点,教师必须充分学习儿童全面发展教育理论并掌握大量的实践经验;按照教育的整体目标和儿童的个体需求,基于学期教学计划,设计制定一日活动的主要内容。

三、一日活动规划的主要内容

一日活动规划的主要内容分为个别授课和团体活动。

(一)个别授课

个别授课可以是灵活的、机动的,根据当日儿童的需要进行教学,也可以是提前设计好的,教师发现儿童在某一项工作的操作中遇到了问题,且多次均未解决,可以有目的地计划对该儿童进行个别授课。

（二）团体活动

团体活动是教师需要事先计划好的,但是有时候也可以根据教育情境的需要做出灵活的调整。团体活动规划包含团体示范、团讨主题的确定、走线形式和音乐选择、体育活动内容的确定等。

1. 团体示范

团体示范是指在儿童全体面前进行的示范工作。示范工作的内容需要教师提前设计。教师要提前准备教具,熟悉操作流程,提前练习操作,确定提示指导语。教师还需要完成示范操作说明的书写。

示范操作说明的书写规范如下。

工作名称:……

教具准备:……

工作目的:……

适用年龄:……

操作步骤:……

1.……

2.……

3.……

兴趣点:……

注意事项:……

延伸操作:……

2. 团讨主题的确定

团讨主题的确定是指当儿童来到教室的时候,教师会跟所有儿童进行谈话和交流。谈话和交流的主题可以包含时间类主题,时事类主题,情绪、心情类主题,生活类主题等。教师可以事先确定一个主题,再根据儿童的反馈增加或者删减讨论内容。

3. 走线形式和音乐选择

走线是蒙台梭利教师的重要内容,在进行一日活动时,教师要提前确定走线形式和走线所需要的辅助材料,如音乐等。通过变换多样化的走线形式,锻炼儿童的身体控制能力、运动能力及其他表现力,培养秩序感,使儿童感受到满足。

4. 体育活动内容的确定

体育活动也是团体活动的重要组成部分。虽然有学期的教学目标,但是教师还需要提前设计好每日的体育活动内容。在进行一日活动规划时,教师要按照教学计划的要求,结合其他因素引导儿童系统地完成各项活动内容,以发展儿童的体能。

（三）其他内容

一日活动中的其他团体活动内容,教师也要在一日活动规划中提前设计好。

四、一日活动规划的范式

每个幼儿园的一日活动略有不同,但基本按照一定的范式来进行。一日活动规划包含入园、自由工作、团讨、走线、团体示范、自由点心、自由工作或室外体育、午餐、午休、团体活动(大肌肉、走线、艺术、语言等)、自由点心、个人工作、离园等环节。教师要提前完成一日活动规划,如表 4-5 所示。

表 4-5　一日活动规划

时间	环节	内容及教具材料准备	备注
	入园	1. 常规工作 2. 问好 3. 个别交谈 4. 特殊情况处理	
	自由工作	个别示范/观察记录表	
	团讨	1. 主题 2. 目标 3. 过程 4. 所需材料	
	走线	1. 目标 2. 形式 3. 走线过程 4. 所需材料	
	团体示范	1. 示范工作 2. 过程简略记录 3. 教具准备	
	自由点心	1. 点心准备 2. 个别提醒	
	自由工作/ 室外体育	1. 个别示范 2. 观察记录	
		1. 体育活动主题确定 2. 体育活动材料选择	
	午餐	1. 午餐准备 2. 个别提醒	
	午休	1. 午休准备 2. 个别辅导	
	团体活动	1. 团体活动主题包括:大肌肉、走线、艺术、语言等 2. 目标 3. 过程简略记录 4. 材料准备	

续表

时间	环节	内容及教具材料准备	备注
	自由点心	1. 点心准备 2. 个别提醒	
	个人工作	1. 个别示范 2. 观察记录	
	离园	1. 个别谈话 2. 材料整理	
	一日活动反思		

在蒙台梭利教育过程中，教师要能够做到及时地根据对儿童的观察与记录分析，调整一日活动的内容，给予儿童最大的自由和尊重。

第五节　学前教育课程评价

教学目标

1. 理解学前教育课程计划、目标、内容、组织的含义。
2. 依照课程评价的组织类型，按照课程内容原则，编写课程评价。
3. 能够准确地做出课程评价。

一、学前教育课程计划

课程计划又叫教学计划，它整体地规划了课程的设置。课程计划不仅规定了不同课程类型组织的方式，还对课程的教学要求和所占的课时比例进行了规定。同时，根据学周、学期、学年的时间划分，对学校应设置的学科、课程设置的顺序、课时分配等做了全面的安排，对学校的教学、社会实践、课外活动等做了具体的安排。

一般课程计划包括以下内容：培养目标（知识目标、能力目标和素质目标）、课程设置、考试考查及实施要求。

二、学前教育课程目标

学前教育课程目标以学前教育总目标和儿童发展目标为依据，是教育目标的具体表现。要达到育人的目标，第一要把课程目标定好。

课程目标是分层次的纵向的逻辑关系，根据教育目标逐级转化而划分出来的。大致可分为以下不同层级。

（一）教育目标

教育目标是幼儿园课程目标制定的基础。应根据儿童的教育目标，具体制定幼儿园的课程目标。

（二）课程目标

一般更具体地表述为幼儿园规定了通过教育后得到的成果，引导幼儿园教师设计和组织课程，同时也体现出一个幼儿园整体的教育导向。明确了各门学科在小班、中班、大班学段在知识与技能、过程与方法、情感态度与价值观三个方面共同的又各具特色的课程学段目标和总目标。

（三）教育行为目标

教育行为目标是指在每天的教学过程中某一具体的教育活动所要达到的目标，是课程目标的具体体现。可以说，教育行为目标是构成课程目标体系的单元。行为目标通常在幼儿园的教学设计中，用"教学要求"或"活动要求"来表示，具有条理清晰、便于操作的特点。

通常表达一个行为目标，需要有以下几个要点。

（1）行为主体，即学习者是孩子，而非老师。

（2）行为动词，用来描述可以观察和测量的孩子的具体行为。

（3）情景或条件，主要说明孩子在什么样的情形下完成动作。

（4）表现水平，指的是孩子对目标所达到的最低表现水平，用来评价孩子学习结果所达到的程度。

拓展与思考

对下列儿童礼仪教育行为目标进行要素分析。

（1）入园时，会使用简单的礼貌用语与老师、同伴打招呼。

（2）会使用正确的方法洗手，并把手洗干净。

（3）喝水时能固定于座位，会两只手端起杯子喝水。

（4）会用水杯接水或尝试自己倒水（奶、豆浆等饮品），接水时知道水不宜接得过满。

（5）进餐前能把手洗干净。

（6）能正确使用勺子独立进餐，不撒饭。

（7）餐后能漱口、擦嘴、洗手。

（8）睡眠时不吃零食，不拿玩具；养成右侧卧睡眠的习惯。

（9）能按照正确的顺序和方法穿脱衣服。

（10）离园时，能有礼貌地与父母打招呼，与老师、同伴说再见。

三、学前教育课程内容

课程内容即幼儿园的教育内容，是实现课程目标的载体。幼儿园课程内容既要博大、浅显，又要有启蒙性，这就要求选择的幼儿园课程内容，既要涵盖孩子身心发展的各个方面，又要与其发展水平相适应。

幼儿园课程内容的选择应遵循如下几个原则。

1. 系统性原则

强调儿童发展领域的逻辑联系,按照儿童年龄阶段的特点,重视儿童认知和个性发展的阶段,体现课程体系的层次性,而不是限制在各学科的知识体系,形成符合儿童身心发展特点的知识体系。

2. 科学性原则

对课程内容有正确的、准确的知识掌握。注重培养认识能力、表达能力和积累社会阅历等方面的科学方法。

3. 创新原则

课程既要联系孩子原有的经验,又要有超越已有经验的新颖、独特,引起认知上的冲突,产生兴趣,具体内容应先于孩子发展,并对孩子的发展起到引导作用。

四、学前教育课程组织

课程组织是指将选定的各种课程要素在一定的教育价值观指导下,妥善地组织成一定的课程形式,使各种课程要素在动态运行的课程结构体系中发挥作用,从而有效地达到课程目标。简单地说,就是安排选定的课程内容,构成一个相对可行的教育计划或方案的过程。

常见的课程组织类型有显性的课程组织类型,也有隐性的课程组织类型。

(一)显性课程组织类型

1. 班级授课类型

班级授课即分班教学,指根据儿童的年龄分班,采取集体受教育的办法进行教学。教师将儿童分到各自固定的班级,按学科在规定时间进行教学。这种有利于教师发挥作用的教学组织类型,可以保证儿童完成国家规定的教学目标,使教学按计划有序进行,儿童集体教学,共同进步。但在对孩子个体差异的照顾上,却表现出明显的缺失。

2. 团体教学的组织类型

分小组就是把全班分成多个小组,以小组为单位共同进行自主学习。

3. 个别教学组织类型

个别儿童之间信息不交换,每个儿童独立地解决学习的问题。

(二)隐性课程组织类型

幼儿园隐性课程是指包含物质环境和精神环境两个层面的幼儿园环境,带给儿童的是潜移默化的影响。随着幼儿园课程创新和改革,人们越来越关注幼儿园隐性课程的巨大影响,同时也关注幼儿园的显性课程。因此,教师为促进儿童的体、智、德、美等各方面素质的全面发展,必须本着科学的原则来创造幼儿园的物质环境,营造和谐的心理氛围,发挥环境的育人作用。

五、学前教育课程评价

课程评价是课程实施的反馈机制,评价关注的是每一个儿童发展的过程,是对课程的整体结构、实施过程和结果等做出价值评判，并逐步改进和完善课程的过程。通过课程评价激发孩子们的积极性，激励孩子朝着预定的方向发展，保持孩子们之间平等、融洽的关系。

评价对幼儿园教师而言，一方面是要考察教育活动是否设计合理、过程是否达到了目的等方面的内容；另一方面，通过儿童的学习和状况，为教师的教育调整提供依据，对评价中反馈出来的信息，教师及时对活动方案和安排进行调整和修改。

第五章 蒙台梭利教学法本土化运用

　　蒙台梭利教学法在世界多个国家和地区被广泛地引进,世界各地仍不断涌现着蒙台梭利学校;国际蒙台梭利协会在国际上的影响日益广泛,一些世界主要国家和地区都建立了自己的蒙台梭利师资培训机构。凯丁·尼克尔斯(Chatting Nichols)在进行了大量的试验和研究后指出:"毫无疑问,蒙台梭利模式就像一块性能优越的磁铁,以其在成就测验中的优异成绩吸引了许多孩子的进入。"

　　蒙台梭利教学法也得到了亚洲各国和地区的普遍关注和积极实践。在日本,蒙氏教育法从20世纪60年代起就好评如潮,受到了广泛关注。蒙氏教育关于环境教育的思想和个性发展的主张,在日本幼儿教育改革中被广泛吸收,《幼儿园教育纲要》中也融入了蒙氏的一些重要教育思想。

　　20世纪初便有介绍蒙台梭利教学法的有关著作、译作传播。百年来,蒙台梭利教育教学实践也不断在本土生根发芽。在党的二十大报告中提到"高质量教育体系是教育强国的重要特征",第七项特征表现为"教育的开放性":在大力弘扬中华民族优秀文化的同时,融合国际先进教学理念,不断注入新的内容并革新教育方式,建设有中国特色的教育体系,学校和老师要不断更新教育理念,更新知识及能力,积极拥抱新知识新技术,将本土传统文化和国际教学理念的新结合,进行落地社会实践,培养德智体美劳全面发展的社会主义接班人。蒙氏教育作为传播最广泛、普遍受认可的教育,它对孩子成长具有良好的引导和启发作用。历尽百年,蒙氏教育越发被认可和推崇。

　　在中国,蒙氏教育的理念、原则、理论依据均被专家学者深入地剖析和完善,逐步形成了蒙氏教育的中国化。中国本土的幼儿园或托育园中蒙台梭利教育教学思想本土化是指在扎实掌握蒙台梭利教育理论的基础上对其进行辨证批判,使之适应中国本土幼儿园,发挥蒙台梭利在教育教学中的优势,提升教育教学质量,实现立德树人的目标。从内涵角度,蒙台梭利本地化包括教育目标、课程目标、教学内容和过程、教育环境等方面的本地化。让现在已经在中国出现的那些蒙氏幼儿园,能够适应中国不同地方的城市特点和自然环境,保证在蒙氏模式下受教育的中国孩子也能和其他国家的孩子一样受益,更重要的是在中国幼儿教育改革中,让蒙台梭利教学法的应用起到积极的推动作用。

第一节　蒙台梭利教学法本土化挑战

教学目标

1. 知道蒙台梭利教学法本土化面对的诸多问题与挑战。
2. 理解本土化困境背后的文化和现实原因。

一、蒙台梭利教学法本土化挑战概述

（一）蒙台梭利教育理论局限

蒙氏教育学说对孩子的"天赋"看得太重了。蒙台梭利认为,孩子的心理发展是有天赋的,这一观点在当时有很大的进步性。但她将孩子的发育视为如同母体胚胎发育、动物和植物的生长及宇宙星云分化的过程,认为孩子的发育是在一定的环境中自然呈现出来的天赋能力,而这种天赋能力是在出生前就预定好的模式。夸大了先天生物特征和自然成熟的作用,否认人与动物、植物的本质区别,否定了环境的教育作用,否认孩子的心理发育是由包括教育在内的遗传素质和环境因素相互影响的结果,最终倒向遗传决定论。过分看重"饭碗",而忽视了比赛的作用。蒙台梭利认为孩子喜欢实实在在的事件,游戏只会造成孩子的思想混乱,认为孩子假想的游戏是异想天开,把游戏当成休闲时的快乐消遣,对其教育意义完全否定。但实际上,游戏并不脱离实际,甚至可以让孩子对实际形成更深刻的认识,在孩子的社会化过程中,游戏是必不可少的一种手段。

教具设计高结构化,教具操作机械化。蒙台梭利将其教育理念物化成"工具材料"以促进儿童的"正常化"发展,但教具设计与操作存在诸多问题。首先,教具设计高结构化,脱离生活。虽然蒙台梭利日常生活教具强调"真实",但是感觉教具、数学教具、科学文化教具、语言教具表现出了极高的结构化特点,与儿童实际生活严重脱节。其次,教具操作机械化。虽然蒙台梭利强调在操作教具时要给孩子自由,这种自由是在选择教具和操作时间上的自由,在操作教具的方法和规则上,孩子是不自由的。只是让孩子不断地重复练习,按照一定的固定的方式去做,这对孩子的创造性是没有好处的。

（二）蒙台梭利教育推广的现实困境

首先,片面照搬蒙台梭利理论,不考虑中西差异。其实中西方文化差异很大,中国文化讲究含蓄、内敛、谦卑,这种文化背景下培养出来的孩子是乖巧、听话的,而西方文化更强调个性解放、崇尚自由、张扬个性,在这样文化背景下培养出来的孩子思想活跃,所以推出蒙台梭利教学法,可以让孩子在拥有独立个性的同时,不失做人的准则,从这个意义上讲,蒙氏教育方法适合西方孩子的特点,也符合西方文化培养完整孩子的教育理念。

其次,对蒙台梭利理论缺乏深入的理解。蒙台梭利教学法对于一些幼儿园管理者来说,是作为向家长推荐的"亮点",成为向家长额外收取高额费用的"幌子",并没有过多地考虑是否真正有利于幼儿教育水平的提高。在幼教管理人员过于注重经济效益、又对蒙氏教育法没有了解透彻的情况下,就办"蒙氏班""蒙氏园",导致大部分幼儿园在采用蒙台梭利教学法时,只重形式,轻实质,走马观花、移花接木的形式主义十分严重。如蒙台梭利教学法最有特色的是强调环境准备充分,环境准备充分是指满足孩子在现实环境中的需要,是给孩子的活动和实践提供生理和心理成长的环境,是充满爱、快乐、便利、元素丰富的环境。儿童只有通过这样的环境才能锻炼自己动手的能力,才能保证儿童发展的正常化,坚持独立操作、平等互动、相互尊重的交往原则和无竞争原则。蒙台梭利教学法需要老师利用环境来进行教育,让孩子在环境中操作,把孩子放到特定的环境里去考核等。同时,也不能盲目照搬,因为引进了某一家幼儿园,或者受到了某一位专家的推崇,从而对孩子的健康成长造成影响,对整个教育的良性发展也是不利的。

最后,蒙台梭利实践刻板僵化,缺乏对原本实际情况的关照。第一,盲目照搬混龄编班。蒙台梭利的"儿童之家"采用混龄编班形式,促进幼儿之间情谊、社会性的发展。实践过程中,国内许多幼儿园将"混龄"看作蒙台梭利教学法的象征之一,生硬地将"同龄"改为"混龄"。虽然混龄编班确实能够提升幼儿的社会交往能力,但混龄编班对教师的要求极高,他们面对的不再是同龄班上水平相对整齐的儿童,而是需要了解、观察、研究和引导各个年龄阶段的每一个儿童,促进每一个儿童的发展;第二,将区域教育活动视为蒙台梭利教育的全部内容。由于蒙台梭利主张将教育物化为"工具材料"。许多教育工作者将蒙台梭利教具视为蒙台梭利教育的"精髓",因此将区域教育活动视为蒙台梭利教育的全部,忽略了对儿童全面发展十分有利的主题教育活动;第三,区域教育活动中机械使用蒙台梭利教具。蒙台梭利教具虽然有着可操作性强、系统化等特点,但它毕竟诞生于百年之前的意大利,必然存在落后性、不适宜性等问题。许多教育工作者却忽略了这一点,区域教育活动中,仅摆放蒙台梭利经典教具,让幼儿进行简单、重复、机械地练习与操作;第四,教师指导形式化。国内未出台蒙台梭利教师标准及严格的选拔制度,导致国内蒙台梭利师资培养乱象丛生,短期内"速成"教师比比皆是。这直接导致了教师指导流于形式,影响了蒙台梭利教育的实施效果与灵活性;第五,无法把握自由与纪律之间的"度"。蒙台梭利倡导自由教育,却不对儿童放任自流,提出了自由纪律观,明确了自由与纪律之间的"度"。教育者在实践过程中却走向极端:一是高控。教育者把蒙台梭利教学法片面地理解为蒙台梭利教具的操作,仅注意蒙台梭利教具的操作步骤与方法,展示"工作"时,存在着讲解过于详细的问题;甚至不允许儿童"犯错",不合时宜地进行不当干预。二是放任。教育者未理解自由与纪律的关系,缺乏班级管理技巧,放任儿童的"不专注"、喧闹甚至破坏行为,导致无法取得良好的教育效果。

二、蒙台松利教学法本土化的启示

(1)辩证看待蒙台梭利有关理论,弥补其本身的不足,认识蒙台梭利教育教学法的优势。

弥补蒙台梭利理论的不足意味着:第一,正确处理遗传与环境(教育)的关系。针对蒙台梭利过于强调孩子的"天赋能力"这一问题,教育者要对遗传与环境(教育)有正确的认识和合理的处理方式。遗传是为个体的身心发展提供可能性,是生理前提;环境(特别是教育)是影响人身心发展的重要因素,影响人发展的价值方向。教育者切不可盲目追随儿童的发展,应当在尊重儿童身心发展特点基础上,尽可能地促进儿童的发展。第二,辩证看待蒙台梭利教育目的论。虽然蒙台梭利希望通过培养具有健全人格的儿童、达到世界和平的教育目的有些理想化,但她强调培养完整儿童、促进儿童全面发展的教育目的十分正确。此外,她的教育目的论中体现出的"不同文化相互包容"思想值得我们借鉴与参考。第三,"工作"与"游戏"相结合。蒙台梭利认为,"工作"可以达到培养儿童健全人格的目的,但不断重复地长期"工作"确实会让儿童觉得枯燥乏味。"游戏"是儿童最喜欢、也是最适合儿童的一种学习方式。因此,实践中教育者可尝试将"工作"与"游戏"有效融合,如可采用初学时认真"工作"、巩固时快乐"游戏"的方式。第四,创造性地使用蒙台梭利教具。蒙台梭利教具具有高结构化特点,且操作流程程序化。教育者在操作教具时,应在把握教育目的基础上灵活地、有创造性地使用教具。在完成教具基本操作后,尽可能多地进行延伸变化练习,把蒙台梭利教具的作用发挥到极致。

发挥蒙台梭利教育教学理论优势在以下两个方面。

① 树立重视与尊重儿童为基础的儿童观。蒙台梭利反对压制人性、忽视儿童特点、束缚人自由发展的传统教育,提出以重视与尊重儿童为基础的儿童观。她认为教育第一关心的问题是"儿童的存在""新教育的基本目的是发现和解放儿童""教育体系中的又一特征是对儿童人格的尊重"。在教学过程中,"儿童是活动的中心"。为此,蒙台梭利提出必须深入了解儿童"心灵内部的世界"和"内在潜能",只有这样,才能找到适合儿童发展的最好教育途径。

② 确立以"儿童为中心"的教育观。传统教育强调教师中心、课堂中心、教材中心,蒙台梭利提出了与之截然相反的、以"儿童为中心"的教育观。首先,蒙台梭利教育目的不再只关注社会发展需要,提出了通过教育协助儿童"正常化"的诉求。其次,蒙台梭利教育不局限于学科知识,而是广泛涉及日常生活、感觉、数学、语言、科学文化等多领域,情绪、情感、社会性等多方面,以促进儿童健全人格的形成。再次,蒙台梭利教学法不再是传授、灌输,而是让幼儿在教师创设的"有准备的环境"中自由、自主地发展。

(2)立足中国与本地实际,就是结合中国的实际教育现状,将蒙台梭利教育理论根据中国的特点进行融通和调整。

① 灵活运用"混龄编班"形式。鉴于目前国内绝大多数幼儿园仍是"同龄编班"、同龄班级集体教学有着十分重要的教育价值、家长对"混龄编班"不太了解、教师未深入学习混龄教育的理论与实践等情况,在实践过程中,教育者应根据各园所情况灵活运用"混龄编班"形式,如完全混龄编班、部分混龄编班,或在一日活动中抽取部分时间进行混龄活动等。

② 设计出适合中国特色的教育内容。对于区域教育活动,要设计符合中华民族日常生活的教具,能够有效地培养孩子们独立自主的生活能力;设计语言教育体系及相应的活动材料,能体现汉语语言文字特色,符合我国幼儿语言发展特点;设计科学文化教育体系和相应的活动资料,既能回应中华民族的文化精髓和创造成果,又能反映当今世界各民族文化交流的日新月异的科学技术;设计历史地理教育体系和相应的活动资料,以了解和认识祖国为核心和基础,在材料的探索中认识和理解世界。对其他教育活动,要通过音乐、

美术等艺术手段,创造一个顺应时代需要的,具有主动性、表现性、创新性的教育活动,为幼儿创造合适的环境和氛围;设计适合我国社会主义道德风尚和时代特点的道德教育内容,排除蒙台梭利社会性发展教育中的宗教元素,以及受社会制度和文化传统的限制而不适合我国的内容。

③ 加强蒙台梭利教师培训。我国蒙台梭利教师无论是从量上还是质上,都还远远不能满足现实需求。虽然目前我国存在很多蒙台梭利教育培训机构,但是由于缺乏权威部门监管,大多数培训机构以盈利为目的,实行短期培训,理论教学简单介绍,教具操作机械示范。这样的培训只能使很多受训者知其然却不知其所以然。因此,加强蒙台梭利教师培训与监管,才能提升蒙台梭利师资队伍水平,推进蒙台梭利教学法本土化进程。

第二节 幼儿园中蒙台梭利教育本土化

教学目标

1. 了解蒙台梭利教育本土化的系统方法,包括教育目的、课程、教育内容、教育过程、教育环境本土化方法。

2. 根据蒙台梭利教育本土化案例能够举一反三,结合实际情况设计本土化的蒙台梭利教学实践案例。

幼儿园中蒙台梭利教育教学思想本土化是指在扎实掌握蒙台梭利教育理论的基础上对其进行辩证批判,克服其不足,使之在中国本土幼儿园中发挥更好的作用,提升教育教学质量,实现立德树人的目标。就其内涵而言,蒙台梭利教育本土化包括教育目的的本土化,课程的本土化,教育内容、教育过程、教育环境的本土化等。

一、教育目的本土化

我们应该意识到,我们今天要做的蒙台梭利教育中国化的原因,不仅仅是要让现在已经在中国出现的那些蒙台梭利幼儿园能够适应各个地方的城市特点和环境特色,保证在蒙台梭利教育模式下受教育的中国孩子能够和其他国家的孩子一样受益,更重要的是要让蒙台梭利教学法的使用推动中国幼儿教育的改革,并起到正面作用。如今的幼儿教育改革应该更多地了解其他国家、地区的优点,并寻求如何吸收、以什么方式吸收这些优点。仅仅从理论上分析国外的教育模式是不够的,因为在理论分析时,一些问题、错误等复杂因素会影响到分析教育的效果,在具体吸收时,就可能出现偏差。只有在对引入我国的教学模式进行充分了解的基础上,在移植到国内时尽可能地进行本土化的工作,把它和国内现有的一些教育模式进行比较,把要借鉴的教育模式尽可能地放在和我们现有的一样的条件下进行比较分析,使两种模式能够科学地进行比较分析,才能使我们在具体的参考中做到有据可依。

例如,蒙台梭利强调孤立的感官训练,她设计的每款教具都是针对某一种特定的感官,要求孩子在接收到特定教具的感官刺激时,一定要以特定的感官为中心,通过对各种感官的体验来发展孩子的感知能力,这是一种严重脱离实际生活的做法。世界上几乎没有一种事物是只有一个特征的,只是在人的认知上,把这个当作整体而不是部分来考虑。从这个意义上说,对智力有障碍的孩子可能采用孤立的感官训练是有训练效果的,而对绝大多数正常发育的孩子用这种方式,教育效果不佳。如此看来,蒙台梭利帮助孩子形成健全人格的教育目标与孩子在操作特定教具的教学目标是矛盾的,前者强调综合的教学目标,而后者则是分散的感官训练。这或许是时代的局限,也是历史的局限,20世纪上半叶,像今天这样全面科学的儿童观还不足以形成,因为人们对儿童的认知、心理学和教育学的研究还不够深入。因此,在我国幼儿园引入蒙台梭利教学法时,应考虑其教学目标的综合性、全面性,同时在制定教学目标时注意不同发展阶段孩子的差异性,设置合适的教学目标,让老师在教学活动中引导,让所有发展阶段的儿童都得到对应阶段的发展。

蒙台梭利认为教育的目的不是为了升学,而是为以后的人生未雨绸缪。蒙台梭利的启蒙教育中的日常生活教育,其实早已包括在经历了几百年沉淀的家庭教育著作《朱子治家格言》中,如"黎明即起,洒扫庭除,要内外整洁;既昏便息,关锁门户,必亲自检点。"它的实践过程有共通之处。《弟子规》原名《训蒙文》,列出弟子在家、待人、接物、学习等方面应遵守的守则和准则。它的思想更接近蒙氏日常生活教育的训练,如"或饮食,或坐走。长者先,幼者后。""对饮食,勿拣择。食适可,勿过则。"等表述。中国古汉语文字中蕴含丰富的哲理和思想。这些古汉语文字中涉及日常生活的教育观念发展和运用,值得蒙氏老师学习,比如"一诺千金""言出必行""言必信,行必果""精诚所至,金石为开"等,这些相关的生活教育都是值得学习的。

二、课程本土化

课程目标是对教育的价值理念或教育目的在课程领域的具体化,是整个课程的关键,因此在设计地方园本课程时,目标层面的融通是首要考虑的问题。在课程目标定位上,蒙台梭利认为孩子有自我成长的活力,并形成健全的个性,因此蒙台梭利教育的主要作用是协助孩子发展,发展身心平衡的个性,为进入成人世界做准备。这和我们幼儿园课程目标的相关政策精神有内在的一致性。1995年颁布的《中华人民共和国教育法》明确指出了我国的教育目的是"培养德、智、体等方面全面发展的社会主义事业的建设者与接班人"。细化到幼儿园的教育目标,1996年颁布的《幼儿园工作规程》明确规定:"实行保育与教育相结合的原则,对幼儿实施体、智、德、美诸方面全面发展的教育,促进其身心和谐发展"。具体落实到课程目标层面,2001年颁布的《幼儿园教育指导纲要(试行)》(以下简称《纲要》)则要求:"将幼儿园课程分为健康、社会、语言、科学与艺术五大领域,各领域有明确的目标,涉及了幼儿身心发展的各个方面"。从国家宏观的教育目标到幼儿园的教育目标、再到课程目标,三者都强调的一个共同点是全面发展,这就为蒙台梭利教育的本土化奠定了思想基础。

因此,要进行蒙台梭利教育本土化的探索,第一步就是把目标定位在孩子德、智、体、美、劳全面和谐发展上。然而,蒙氏教育更注重把教育的作用发挥在辅助孩子发掘和展现自身的天赋上,以孩子为中心,教育起到辅助作用。而我国幼儿教育相关政策文件中的关键词是"对幼儿实施""促进""培养"等,则更多地突出后天教育,通过自己后天的努力达到教育目的。可以看出,双方虽然在达成方式上不同,但是所要达到的课程目标的中心内容基本一致,都是关于孩子身心各方面的全面发展。

本土化的重难点在于蒙台梭利教育课程内容的组织是以教具为中心的,选择不同的教具对应了特定的教学内容,进而影响课程内容的呈现。这就要求教学设计者从课程内容出发,根据幼儿身心发展的年龄特点和基本规律,对蒙氏教育中已有教具和对应的教学内容进行整理归纳,形成满足本国课程目标的课程内容设计,并确保幼儿得到身心的全面发展。同时,结合中国传统和当前社会发展的新形势,还可以融入如节庆类、热点事件、身边事等主题,将涉及这些主题的素材转化为区域素材、作品或延伸活动,再投放到蒙氏教育的工作区中,并同时融合到日程的一日生活、整体教室环境的布置。除此之外,为保证孩子均衡地发展各方面能力,针对蒙氏教育薄弱的艺术、体能等领域,教师可以开发更多有关的拓展课程,让孩子不断深入地发展自己,并在全面的学习中找到自己擅长的领域。

(一)感官教育领域

蒙台梭利的感官教育是以系统的感官教具为基础,以能对感觉产生个别刺激的感官教具为媒介,从不断训练和强化的过程中获得各种儿童不可缺少的生活观念,从而奠定了感知能力的发展基础。感官教育包括视觉教育、听觉教育、嗅觉教育、味觉教育及触觉教育。我们的教具使独立教育成为可能,使感受性的系统训练成为可能。这种训练不是靠教师的能力,而是靠教具系统,它首先提供了能够引起幼儿自发关注的物质实体,同时也包含了刺激的合理程度。

对于蒙学著作中具有现代意义的传统概念,我们可以采用蒙氏三段式教学法,即命名、识别、词汇发音。第一阶段是"命名",指的是幼儿知道事物有特定的名称,这个过程以蒙台梭利教具"色板"中"黄色"为例,可以指着黄色的色板,告诉孩子这个颜色是黄色。第二阶段是"辨识",指的是引导孩子在不同的事物中认出某一指定的事物,例如:在四五种颜色中,让幼儿辨认出黄色在哪里。第三阶段是"字音",指的是让孩子讲出物品叫什么,例如指着黄色,问孩子这是什么颜色,让孩子说"黄色"。按照三步骤来教学,也能做出对应的教具教学方式。运用上述的方法,可以结合中国的文化进行融合,整合课程内容。比如,"五方",即东、南、西、北、中五个方向的意思;"五色"指的是青、黄、赤、白、黑五种颜色,也泛指各种颜色。因此,让孩子学习和传承中华民族上下五千年沉淀下的优秀文化需要具体的载体,教师需要结合蒙台梭利的教学理念和精神,结合目前国内幼教的实际情况,开发出一套富有中国特色的教具及配套的教材,适合中国孩子接受和使用。在介绍蒙氏教育法的由来时,蒙台梭利在书中提到:"我相信教具在最初的时候,一定要结合教师的引导来呼唤儿童,使儿童用教具进行自我教育。"

(二)数学教育领域

蒙台梭利法的精华集中在数学教育,这种教育方法通过促进儿童观察和动手探索的能力,来增强逻辑思维能力,进一步发展他们的相关分类、排序和归纳等能力。在蒙台梭利的教室里,几乎没有不喜欢数学的孩子,分类、排序和配对这三种基本的操作练习,能培养孩子对事物或现象结构的清晰认知能力。蒙氏数学教育的教学和实操方法是相对完备的。但是我们仍然可以加入我国的数学教育的内容,利用蒙氏数学教育中的直观的四则运算,抽象游戏环节里面数的概念——小数架和邮票游戏。实际上,以顺时针 90 度的角度旋转小数架,其使用与我国的珠算有异曲同工之处。迄今为止已有 2600 多年历史的珠算,是中国人以筹算为原型发明的。让孩子愉快地接受"一上一""二上二""三下五去二"的思维也是可行的,只要孩子能听得懂,弄明白。让幼儿通过拨动算盘进行简单的操作,能促进手指的思维的培养,引导幼儿正确地开发学习潜力。也许有人说计算器早就有了,但计算器并不能培养孩子的数学思维、提高孩子的心智水平。

在信息化时代,与其让孩子深陷在计算机、游戏机中,不如老师和家长多把时间花在陪孩子学习和运用珠算,这是培养孩子数学心智的好选择。相对来说,中国的算盘则显得有些抽象。建议老师教珠算要慎重,要充分了解孩子的认知能力和理解能力。蒙氏教育一直传输的观点是跟着孩子走,强行填鸭式的教学将会适得其反。

(三)语文教育领域

"语言就是一面墙,它把一群人围在里面,与外界隔绝开来。这可能就是在认知的过程中单词会产生神秘作用的原因。它能超越民族,把人紧紧地连在一起。"蒙台梭利在论述儿童语言发展时这样表述。可见,任何一门语言的学习,都有它的特别之处。拼音的书写、拼音的发音、汉语的书写等优秀的中华传统文化都需要教师精细的教学设计。在进行语言教学方面,我们要结合我国汉语言的特点,对蒙氏教育法进行合理地改造。实施符合汉语言特点的教学,符合中国幼儿语言发展的教学,对蒙氏教育法中的教具或操作规程进行创新。可采用具象(实物)、具象(图片)、抽象(文字或符号)结合的学习原则,运用"命名、识别、发音"三个阶段的教学方法来学习语文,结合幼儿的身心发展水平,以达到蒙台梭利教学法的中国本土化应用。

(四)文化教育领域

民族身份的缺失、对国家感情的缺失、对中国文化的陌生、对节日和传统的淡忘,这个现状在成人社会很常见,也是令人担忧的情况。教育需要培养孩子的中国情感,可以作为教育素材的有:中国文化(神话传说、古玩器物、衣冠服饰、中华武术、茶文化等)、节日文化(春节、中秋节、端午节、清明节等)、传统艺术(中国书法、山水画、戏剧、二胡等),再比如中国特色地域文化、民间工艺、民族文化的介绍等,这些教育内容都可以用蒙氏教育法来呈现。

在此以介绍中国茶文化为例,帮助从事一线教育的教师们理解如何结合蒙台梭利教学法教学,包括以下几个具体的工作流程:"日常生活练习:茶柜的布置和整理、倒水的工作、折茶巾、夹茶叶的工作,倒茶的工作流程演示(净手及欣赏器皿、烫杯温壶、马龙入宫、洗茶、冲泡、封壶、分杯、玉液回壶、奉茶、闻香、品茗的演示)"。光是中国的茶道中倒茶这一步,就能设计出这么多流程,让孩子去体验。可见,利用蒙台梭利教育方式,就能把我们优秀的传统文化完整地展现出来。蒙台梭利总结道:"把孩子唤起来,是我们要采取的首要步骤。我们时而引起他们的注意,时而引起他们内心的情感,时而引起他们与他人共同创造生活的激情。"教师可以将蒙氏教育法各个教学领域的内容打通和融合,设计出体系化的教学流程，以丰富多彩的形式向孩子们展示传统文化中蕴含的内容。在向孩子们介绍中华优秀传统文化的过程中，教师需要时刻提醒自己"跟着孩子走"。我们希望通过学习本土化的幼儿教育方法，向我们的下一代传递一个美丽的中国。

三、教育内容本土化

蒙台梭利教育的内容是有系统的，按照上文所说分为六个领域。部分幼儿园由于没有全面理解蒙氏教育理念和教学体系，导致上午的蒙台梭利教育与下午的五大领域教育存在无法衔接的断裂感。蒙台梭利研究设计的教学内容包括：日常生活练习、语言教育、数学教育、感觉教育和文化教育五大领域。

日常生活练习是教育内容中的一项重要内容，因为蒙台梭利觉得每天的生活训练对孩子形成健全的人格有很大的促进作用；感觉教育主要包括相应的视、听、触、嗅练习；语言教育的内容主要包括两个部分：读和写；数学教育主要是以 10 以内的读、写、算等内容为主；文化科学教育的内容主要有：历史、地理、动物、植物等简单的文化科学教育内容。

今天看来，蒙台梭利的教育内容设置确实存在着一定的局限性，无法满足当代社会与儿童发展的需要，如美术教育内容、对儿童全面发展具有重要意义的社会教育内容等都未涉及。因此，国外一些新一代蒙氏教育思想的追随者已经意识到了这个问题，对原来蒙氏教育的内容进行了改进和发展，将原来的五大领域扩展为十大领域，分别为：日常生活训练、感觉教育、语言教育、数学教育、文化教育、体能训练（大肌肉活动）、音乐教育、美术教育、戏剧教育（角色扮演）、社会教育（包括社会交往技能的练习）。这种改进与发展具有非常积极的意义，特别是目前，我国教育界引入了蒙台梭利教学法作为我国幼儿园教育的一种补充。根据我们的研究，主要是以综合活动为主，把五大领域和蒙台梭利的六个领域结合起来，调整和整合之后的关系就如图 5-1 所示。所以，蒙台梭利教育模式的本土化也是我们研究的重点。

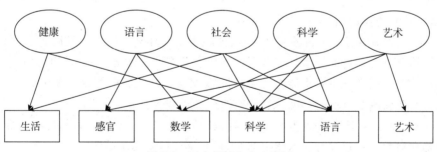

图 5-1　五大领域和六个领域

蒙台梭利教学法注重教学材料，需要教师将孩子要掌握的教育内容物化为可以直接接触和操作的教学活动材料。因此，根据教学内容是否搭配了物化的教学活动材料，将教育内容分为两大类：第一类是配合使用物化的专门的"活动材料"为主的教育内容，主要包括日常生活练习、数学教育、科学教育、语言教育、感官教育等领域；第二类是不使用专门的"活动材料"，主要包括健康教育、艺术教育和社会教育等领域。

在内容上，要将原有的体系中融入符合中华民族日常生活的内容，设计出当今形势下能够有效培养幼儿自主独立生活能力的日常生活活动材料；要融入中华民族文化的精华，又能与世界优秀的文化相结合，设计符合中国自身文化特点的文化活动材料；顺应日新月异的科学技术发展特点，设计出有中国时代特色的科学活动材料；要根据我国博大精深的汉语语言系统和语言表达特点，设计出符合我国幼儿语言教育的语言活动材料；以了解我国、认识世界为出发点，认识世界历史、地理人文和自然，设计历史地理教育的活动材料。特别是要把那些宗教成分在道德教育中剔除掉，把那些受社会制度和文化传统局限而不适合我国的内容剔除掉，把"蒙台梭利教学法中国化"作为一项重要工作，设计出适合我国社会主义道德风尚和时代特征的道德教育活动材料。

例如，某幼儿园在教育内容的安排上是这样的：日常生活方面包括水的工作、清洁工作、食物工作等；水的工作有挤海绵、倒掉餐具中的水、将水分开、倒颜料、针筒或吸管吸水、打泡等；清洁工作有擦桌椅、擦鞋子、清洗玩具、洗衣服、洗手、清洗蔬菜、清洗水果、洗餐具、教室大扫除等；食物工作有剥开、切块、挤压、做面食等。在语言活动方面，有讲故事、表演、阅读、读拼音、写拼音、写字姿势、了解语言发展、听语音、拼字母、了解语言表达的基础（如词汇、词性、语法）等。在艺术活动方面，剪刀使用、涂色工作、粘贴、盖章、染纸、手指画、欣赏作品等。语言教育上用汉语拼音代替砂纸数字板；在艺术教育上渗透有代表性的民间艺术，例如剪纸、蜡染、脸谱、风筝等；在生活练习方面增加木制火车、分扣子、衣布夹等。

四、教育过程本土化

（一）正确认识教学过程中的教师角色

蒙台梭利教学法有三个组成部分：一个有准备的环境、教师和对应的教具。她认为，教育不是从上到下老师教出来的，而是从下到上老师辅助孩子发展。蒙台梭利正是从这样的教师观出发，称"儿童之家"的老师为导师，而非教师。因此，在蒙台梭利的教育计划中，教师所具有的作用如下。

（1）环境的提供者。蒙台梭利认为，既然孩子是与环境的交互中发展起来的，那么老师就应该给孩子有准备的环境。有准备的环境主要有两个部分：一个是物质环境，另一个是人文环境。物质环境主要指能看得见的设施、教具、教学资料等物质要素，人文环境主要指蕴含文化内涵与价值的环境，如园所文化、文化墙等。

（2）示范者。教师先为幼儿示范正确的教具操作方法，然后由幼儿自己选择教具材料。教师在对教辅材料进行深入浅出的介绍和示范时，要文字简练、条理清晰、客观，所写内容必须是与需要解决的问题有直接关系。当孩子操作出现错误的时候，老师可以委婉地指出，必要时再次示范，或者引导孩子重新选择别的教具。

（3）观察者。教师对孩子的行为追踪观察，相信孩子的选择，不带个人主观猜测。在孩子使用教具和玩耍的时候，了解孩子的自主表达，观察孩子对教具材料的兴趣和对教具的专注时间，甚至关注孩子的面部和身体表达，这都是教师的主要职责。观察的目的是了解儿童的发育状况及需求，进而提供适合的环境。

（4）支持者和资源者。蒙台梭利认为："儿童发展是在环境的吸收中自我成长的，但同时也强调教师是儿童发展的拥护者和资源者,孩子在离开教师后是难以发展的,教师可以在孩子需要关心的时候给予及时的关照,成为孩子的支持者,成为学习活动的最佳资源"。

由此看来,在蒙台梭利教学法中,教师是环境的提供者、示范者、观察者、支持者和资源者,这就从根本上改变了传统幼儿教育中教师与学生的关系,使教师与学生的关系在自由教育原则的支配下,用教具搭起了桥梁,让直接的师生关系变得更有温度。

(二)儿童成为教育活动的中心和主体

研究蒙台梭利的著名学者斯坦丁(E. M. Standing)指出:"蒙台梭利教学体系中教师的教学艺术,关键在于他们既相信不干预原则,又知道什么时候必须介入,知道在何种情况下介入到何种程度。"总的来说,这是对的。但是,在蒙台梭利教育方案中,教师与孩子之间的关系,虽然从根本上改变了以往的教师中心模式,既承认孩子是学习的主体,又看到了教师引导学习的作用,但是缺乏师生之间的交流互动。在整个教育方案中,除了孩子需要引导外,他们坚持不干预原则,将教师的职责局限于建立常规活动和排除孩子自然发展的障碍,局限于观察孩子的行为和了解孩子的需要,有时也会把老师的帮助看作是对孩子自由的侵犯。其实,在教学过程中,老师与学生之间的沟通,孩子与同伴之间彼此的交流,都对孩子的心理发展有着重要的意义。由于教师在幼儿心目中的威信很高,对幼儿自身言行举止、工作能力都有着重要的影响。

教师与幼儿的亲近,从了解幼儿的性格特点、行为习惯和家庭情况开始,对幼儿克服交往中的障碍、幼儿的社会性的发展,都能起到引导和帮助作用。孩子与同伴互动,也就是建立和发展同龄孩子之间的互动,对孩子的发展是一个有益的推动因素。同伴交往可以满足孩子对爱和尊重的需要,带给孩子归属感;同伴交往为孩子提供了学习他人反应的机会,孩子在与同伴交往中学习如何与他人建立良好关系、保持友谊和解决冲突、对待领导和遵从关系、对待竞争和合作的关系、处理个体和集体的关系等;同伴交往是孩子特殊的信息渠道和参考框架,也是孩子获得情感支持的一个来源。在引入蒙氏教育方案时,要注意解决教师与学生、同伴在教学过程中交流互动不足的问题,激发积极互动的教师和学生之间的关系,从而促进孩子全面发展。

五、教育环境本土化

(一)班级环境

在国外的蒙台梭利式幼儿园教室里,班级组织形式基本是"垂直式"混龄化编班,这是蒙氏教育法的一大特色。混龄化编班对促进幼儿的社会性发展更应发挥独特的作用,在我国由于幼儿多为独生子女,缺少兄弟姐妹,社会性发展受到一定制约。但在今天,之前人们对混龄化编班还没有概念的情况下,蒙台梭利教学法中的混龄化编班,在引入我国幼儿教育时还是会面临很大的挑战。

这就要求我们在将蒙台梭利教学法中国化时充分考虑班级组织形式的问题。我们可以根据自己的实际情况,选择三种的班级组织形式,即在完全混龄编班、部分混龄编班和同龄编班中进行选择,也可以考虑由部分时间混龄编班逐步过渡到完全混龄编班。家长对混龄编班还有疑惑,年长幼儿的家长可能会担心自己的孩子经常和年幼的孩子在一起,老师要求降低,发展上要"吃亏";而年幼幼儿的家长可能会担心自己的孩子经常和年长的孩子在一起,受年长儿童的欺负,交往上会受气。另外,混龄编班也对长期习惯于执教同龄编班的教师提出挑战。幼儿教师面对的不再是同龄班上水平相对整齐的孩子,而是有着不同年龄特点和不同发展需要的孩子,这就对教师提出了较高的要求。她们需要了解、观察、研究和引导每一个孩子,并提出恰当的指导要求,促进每一个孩子都能在原有基础上获得有意义的发展。

因此,面对这些担心和挑战,就要求我们在"中国化""科学化"蒙氏教育模式的时候,一定要充分考虑班级组织形式的问题。

(二)幼儿园环境

幼儿园要形成科学的环境育人理念,创造适宜的办园环境,更好地服务于我们的教育教学。在日常教育活动中,要充分借鉴国内外的先进教育经验。要积极鼓励幼儿参与环境建设,在互动中教会幼儿懂得管教、忍耐、等待,学会尊重他人、与他人分享,树立对他人负责的观念,从而构建师生之间、孩子之间、环境与孩子之间的良好互动关系。另外,争取家长的理解和支持,对进行本土化教育也是很重要的一步。幼儿园应主动与家长做好沟通工作,通过幼儿园开放日、亲子活动等形式,让家长了解蒙氏教育的思想内涵,配合幼儿园把蒙氏教育落到实处。

(三)有准备的环境氛围

蒙台梭利教育课程实施过程强调"有准备的环境为基础",即通过与客体世界的互动,让孩子自由地在有准备的环境中工作并完成自我建构,其课程实施的基本方式就是环境。教师的基本职责就是创造一个自由自主、真实自然、美感安全、秩序感强、教具丰富的环境,孩子们可以根据自己的兴趣、需求和进度,在这个环境中挑选教具操作。同时,通过设计一系列符合中国传统文化的主题教学内容,配合当下社会的新发展需求和幼儿身边的事情,辅以相应的教具、工作、延伸活动等,可以在前者的环境中有机地融合后者,起到平衡和拓展蒙台梭利教育的作用。

具体地说,幼儿园在本土化实践中,首先将教室区域规划成五大区域:生活区、感官区、语言区、数学区、科学文化区。从课程内容来看,蒙氏教育也有五个基本部分对应现在的五大领域。这就提供了一个让蒙氏教育本土化可行的可能,但这里需要明确的是,虽然在课程内容层面上双方基本能够对应,但在课程实施的方式上却存在着天壤之别。蒙氏教育主要是"工作",也就是孩子的个体和客观世界相互影响,完成自我构建,类似于常说的区域活动。现在幼儿园的课程实施的方式比较多元化,包括集体教学活动、游戏活动、生活活动、区域活动,都占有比较大比例的。因此,在蒙氏教育本土化的过程中,在课程实施途径上以区域活动和生活活动为主,集体活动、游戏活动等多种形式为辅,同时,应特别关注目前中国幼儿园教育的实际情况。

其次,要在以上五大区域摆放充裕的物资。资料来源有两种:一是根据幼儿整体年龄发展规律和教师对幼儿个体的观察判断,分阶段、有步骤地投放经典蒙氏教具,包括日常生活教具、感官教具、数学教具、语言教具与科学文化教具等近 300 多种,对应儿童在健康、语言、科学、社会、艺术领域中的成长;二是教师根据主题,制作相应的活动资源,并在活动中发展出新的教学活动和拓展活动。

六、本土化案例——茶艺中的蒙台梭利教育

蒙台梭利教育主张以良好的学习环境和丰富的教育内容,通过日常生活训练,在教师的辅助下达到孩子自发性地主动学习、自我建构完善人格的目的。蒙台梭利教育的一大特色就是年龄混合教育。让不同年龄的孩子在一起,可以让小一些的孩子模仿大一些的孩子,大一些的孩子从知识和能力上都能得到帮助,比他们小一些。爱模仿,是每个小朋友的天性。模仿是孩子学习的第一步,也是孩子与外界环境能够正常交流、沟通的一种表现。3~6 岁是孩子良好行为习惯养成的关键期,也是孩子智力发育的关键期。将幼儿的茶艺带入蒙台梭利课堂,让幼儿回归自我,亲近自然,在识茶、鉴茶、泡茶、敬茶的过程中,还原幼儿的天真与纯真,养成平心静气、不急不躁、谦恭有礼的品质。

(一)在蒙台梭利教育中茶艺对幼儿的影响

(1)行为礼节培养。优雅的礼仪的示范,能引导小朋友以尊重对方的方式进行沟通。茶艺行为礼仪包括:服饰、动作、手势等。表演茶艺时需要梳妆打扮,妆容清新淡雅,穿着得体,落落大方。泡茶动作要沉稳优雅,井井有条,取物时要动作连贯,一气呵成。姿态需要有端正的行走相、站立相、端坐相。行走时步伐一定要成直线,上身不能摆动扭动,以保持平衡,同时放松肩部,下颌微收,目光平视;站立时,需双腿并拢,身体挺直,放松肩部,双眼平视,手的虎口交叉且右手贴于左手,置于胸前;冲泡者坐在椅子上,应全身放松,坐正中央,使身体重心居中,保持稳定,上身保持挺直,两腿并拢,注意保持身体的稳定。在蒙台梭利 3~6 岁的教室里,以"茶礼"为切入点,让孩子学会"以礼敬人、以礼敬己、以礼敬器、以礼敬水、以礼敬茶",让孩子自觉地优雅地进行礼仪动作。茶礼的学习,会使孩子与老师、同学相处得更有礼貌,对长辈也会更尊重。

(2)语言能力培养。孩子的语言不仅仅是父母教的,也能从环境中学习,是从出生后的自我学习中发展出来的。幼儿期对语言的发展来说又是一个关键时期。茶人在表演茶艺时,需要谈吐优雅、语气和蔼、态度诚恳。手势、眼神、面部表情的配合,再辅以肢体语言,口语化更能让孩子感受到茶艺里的真情流露。

(3)秩序感培养。秩序感是个人生活中早期的情感,对道德有着奠基的作用,喜欢有秩序是孩子的一个特点。在茶艺表演中,茶席、茶具及泡茶的工艺,无不体现出秩序感。整齐美观的茶席设计,使孩子情绪稳定,注意力提高;规范统一、摆放整齐的茶具,能让幼儿在视觉上产生舒适感和美感,体会到井然有序的感觉;泡茶过程,让孩子能够用自己的眼睛观察、用大脑思考、有机会自主操作、建立孩子内在的秩序感,帮助他们从"他律"发展为"自律"。

(4)专注度培养。专心是孩子一生发展的重要品质,专心致志可以是孩子不断学习的基础。茶艺的精髓在于"静",孩子在实际的茶艺练习中必然会学到"静"字,进入茶艺表演需要安静,泡茶则需要环境的安静。泡茶需要幼儿协调地动手,并要求动作轻柔缓慢,

注意力集中,细致耐心,能使幼儿的心性得到锻炼,学习和处事的专注度也能得到提高。

(5)审美能力的培养。一个幼小的孩子内心深处对美是渴望的。儿童时期形成的审美,为人的一生奠定了一种审美倾向和生活品质。茶艺可以让孩子在潜移默化中获得审美的全方位熏陶,可以让幼儿视觉、听觉、触觉、嗅觉、味觉等得到美的体验,如:茶艺中优雅的精致的茶具,沁人的怡人的滋味。幼儿感受茶文化的美感,是在观察茶艺的文明语言、礼貌谦和的举止、自然和谐的茶席、优雅得体的仪表等方面。

(6)协调能力培养。孩子的智力发育在他们的指尖上得到了体现。蒙台梭利讲过:"我看到了,我就忘记了;我听到了,我就记住了;我做过了,我就理解了"。幼儿既是感官学习者,又是动作学习者,蒙台梭利教育对动手操作十分重视。动手能力对孩子而言是必不可少的。温具,是指泡茶过程中将茶壶洗干净;制茶即拨动茶水的多少,不同茶叶的冲泡方法也不一样;倒茶是把冲泡好的茶叶倒进茶海里,倒进品茗杯里;奉茶,需用茶盘托举把茶交给客人,置于其右前方;品茶,要端起品茗杯,先观茶色,闻其香气,再品鉴茶汤,这样才能品茗。通过茶艺的学习和训练,用巧妙的操作来锻炼心灵,能够培养和提高动手幼儿的能力,使幼儿以端庄、大方、平静的仪态出现。

(7)科学和文化的学习。幼儿的思维特点是以具体形象思维为主,通过直接感知、亲身体验、实际操作等方式学习。低龄儿童的学习方式,是靠自己的活动去汲取。幼儿通过自己动手操作泡茶,认识茶叶的形态、种类,认识不同的泡茶工具,认识不同的泡茶方法等,对茶文化有了一定的认知,习得有关于茶的科学文化。

(二)在蒙台梭利教育茶艺活动中教师的作用

(1)创设茶艺环境。蒙台梭利认为,儿童在有准备的环境中学习可以收获更多。蒙台梭利教室分为数学区、生活区、语言区、绘本区、感官区、文化区、艺术区等,每个区域都配备了对应的教具,让孩子们自由选择。可将茶巾、茶针、茶壶、茶夹、品茗杯、茶匙、茶漏、茶桶等茶具有序地摆放于生活区内。茶具的选择需要适于低龄儿童,如玻璃杯应选口径为 $5\sim7cm$,高度为 $8\sim12cm$,罩碗宜选小号等。

(2)茶艺示范者。蒙氏老师是幼儿的榜样,因为每天与幼儿相处,是幼儿模仿的对象。所以教师可以做一次示范,然后让孩子模仿着进行茶艺的操作。茶艺示范区选取了10名幼儿进行示范,内容包括:茶席布置、认识茶具、茶礼、冲泡茶叶、清洗、收纳茶具等。茶席的布置需要让幼儿懂得泡什么,什么茶具,怎样摆放冲泡方便等,让幼儿在有规则的引导下,模仿完成动作。了解茶席上的茶具,使用茶具才简单方便、安全、美观。茶礼包括肢体的摆放、行走、站立、座位、鞠躬、伸手、敬茶等礼仪,并对各礼仪所包含的含义进行介绍。茶的备水、温杯、赏茶、侯汤、投茶、润茶、冲泡、敬茶、品茶、谢茶等,每一个动作都要提醒你注意什么,蒙台梭利教室里的每一样教具,都必须由孩子们在工作之余,亲自收纳,放回原位。茶具的清洗和收纳更多地体现了一个孩子的条理性和动作协调性,教师在进行茶具的清洗和收纳示范时,更多的是要给孩子讲清楚清洗的注意事项和收纳的先后顺序,这样才能防止茶具摔坏给孩子造成伤害。

(3)茶艺活动的观察者和引导者。在蒙台梭利教室中,教师通过观察发现并记录幼儿各个发展阶段的敏感期,并以此为依据制订符合幼儿自身内在需要的个性化发展计划。

教师需仔细观察幼儿在使用茶艺教具过程中对教具材料的种种反应,包括幼儿对操作难度的反应、所花费的时间、操作进度、表现出的兴趣等。对不同年龄阶段使用不同茶具进行正确引导。同时可以引导幼儿给老师和同学敬茶,促进幼儿的社会性。"和、敬、清、寂"是茶道的精神。通过茶艺工作,引导孩子学会相互尊重,创造、共享一个和谐的环境。

补充案例:

写春联活动。

适应年龄

5~6岁

○直接目的:尝试使用毛笔书写汉字。

○间接目的:了解春联的书写形式与
　意义。

图5-2 欣赏春联

活动提示:

(1)活动前,引导孩子欣赏各种春联,如图5-2所示。

(2)向孩子介绍关于春联的小常识。如春节时在门前挂春联是我国的风俗,春联内容表示吉祥、喜庆、祝福等。

(3)让孩子了解春联的基本结构:上联、下联和横批,上下两联字数相等,内容相互呼应。

(4)写春联。向孩子示范握毛笔的正确方法、正确的书写姿势及涮笔方法。

(5)请感兴趣的孩子自己抄写春联成品,成人从旁指导。

专家提示:

　　活动应在孩子会正确使用毛笔、有一定识字与书写经验后进行。用毛笔写字会引发孩子对书写活动的更多兴趣,同时促进孩子对祖国文化的了解。墨汁用完后要将盖子拧紧,放在不易倒落的地方。

延伸变化:师生共同创作春联。

第三节 家庭教育中的蒙台梭利教育

教学目标

1. 了解蒙台梭利本土教育在家庭教育中实施的原则与方法。

2. 能够根据有关原则,为幼儿家庭教育创造有爱、自由、纪律的空间。

婴儿出生的时候,它内在蕴含一种玄妙的本能。这种本能将指导它的行为方式、发展特点和适应环境的方式。蒙台梭利有一个自由观:为了保证儿童能够在合适的条件下发展,并且发挥他们内在潜能,成年人需要尊重儿童内在意愿和理解儿童这种天生自带的需求,让他们按照自身的发展规律自由地成长,静静等候儿童内在规律自然显现出来。

一、用爱的情感为儿童发展自我奠定基础

人类在社会上生存最先要满足的需求是生理和安全需求,这两个需求属于缺失性需求。这是马斯洛的需求层次理论提出的。因此,当新生命从母亲的子宫来到外部世界这个完全陌生的环境时,生存下来是婴儿的生理需求,也是最首要的。父亲与母亲给予的关心与爱护则是婴儿安全感的来源。刚出生的婴儿一直到 6 岁,他们习惯以自我为中心,将全部的专注力都用在自己的身上,有很强的自我意识,这是这个年龄段独有的特征,是生命的本性和规律。因此,爱对儿童的正常发展至关重要,可以增强儿童的安全感,帮助儿童更好地成长,适应新的环境,奠定儿童后续的发展基础。

(一)给予儿童无条件的爱

爱一个孩子很容易,无条件地爱一个孩子是一件不寻常的事情。成人经常问孩子:"你爱你的父亲或母亲吗?为什么?"这就是物质世界的成人和内心世界的孩子之间的不同。物质世界的爱一般是有条件的,如果孩子想被爱,他们必须用一个事物换条件。例如,要聪明,要听话。而在内心世界的爱,动机只有一个:我爱你,因为你就是你!如果成年人能够像孩子爱我们一样地爱孩子,他们可能就不会将隔壁的孩子与自己的孩子比较,将孩子的劣势与其他孩子的优点比较……成年人能够客观地看到这种生活的不同,看到孩子的本来面目,而不是人们所期望的孩子,不是把自己和别人比较的孩子,不是只为名利或成功而活的工具,他可以做自己,而不是为了实现父母的梦想,不是为了成为与别人比较的参考。"我爱你不是因为你有那么多优点,也不会因为你的缺点而不爱,我爱你是因为你是你!"这种爱在一个未知的世界里给孩子一种安全感。一旦这种安全感扎根于自身,孩子长大后就不会再想在其他地方得到这种安全感,也能形成正确的自我形象认知。

(二)给予儿童不以情绪为转移的爱

成人之间的相互理解与沟通是通过语言表达的,但孩子与人沟通的方式不同,由于语言表达能力和逻辑思维能力比较弱,在生活中主要通过用情绪和感觉与成人沟通。很多家长、特别是妈妈都有这样的体会:当妈妈的情绪非常烦躁时,即使语言或表情上没有表现出这种烦躁的情绪,孩子也能感受到,那种情绪不是爱。因为孩子认识大人,不是用大人的话来衡量和判断的,孩子是用心灵去感受大人的。所以大人要学会孩子的沟通方式,用生命的内在感受去爱孩子,而不是凭自己的情绪,高兴时表扬生气时呵斥,这样的"爱"只会让孩子的内心混乱。孩子永远不能理解成人情绪的不可捉摸,就像成人永远不能理解这种不可捉摸会给孩子带来怎样的影响一样。

(三)给予儿童有耐心的爱

如今的社会是一个快节奏的社会,衡量事物的标准都是结果,人的价值也在效率及结果的创造中得以彰显,在不经意间,我们将这种处理物质世界的模式,运用到了处理人成

长的内心世界中。我们渴望孩子快速成长,渴望孩子出人头地,这份期待的背后,不是呵护生命,也不是爱护生命。大人时时牵挂着孩子,孩子的当下谁来牵挂?孩子的世界里到处是大人的催促:赶紧吃饭,饭要凉了;快走,要迟到了;快回家吧,天都快黑了。有谁在乎过孩子们享受美食的快乐;有谁在乎过孩子们再向前几步所看到的风景;有谁在乎过孩子们回家了,是提前结束了游戏?有多少次在幼儿园门口,看到一个孩子一边追着要回家头也不回的妈妈,一边看着还在尽兴玩耍的小伙伴,手足无措的孩子在中间泪如雨下,不停地叫喊着,想要玩但要回家。成人如果无法耐心地等待孩子按自己的速度进食、行走,无法耐心地等待孩子游戏结束后与小伙伴道别,那么孩子的自然成长又该如何耐心地等待呢?人的身心发展就像植物的生长一样,是有自然顺序的,大人用自己的状态和节奏来要求孩子,孩子一下子就跨越到所谓的成熟状态,这个过程岂是人力所能达到的?显然不是,在大人的不断催促和命令下,一切生命的力量都将在孩子的萌动中奄奄一息。

总而言之,孩子是靠大人的爱而获得安全感来发展自己的,如果孩子在他的人生经历中,总能得到父母无条件的肯定,总能及时得到父母不因情绪化而转移的关注,总能得到父母耐心地等待,他就更容易建立安全感。这些经验告诉他,父母是爱自己的,这种爱是不变的,在孩子的人生经历中,即使处于陌生的环境,他也比较容易有安全感,对环境的适应也相对容易。在这样一个有安全感的环境下,他们的道德素质、心理素质等各方面素质都会得到提升。

二、以自由的空间帮助儿童确立正确的自我意识

成熟圆满的人生一定要有自由,人生一定要独立。在这个意义上,自由更多的是一种难能可贵的特质。孩子要获得生理上的独立,必须通过自由活动;意志上的独立必须通过自由的选择来获得;要获得思想上的独立,必须通过不被打扰地工作。一个人独立于这三个方面,他的人格境界已经达到炉火纯青的地步。当孩子把自己的境界搭建起来以后,为了超越自我创造的历程,他会走向社会,去实现一个社会人的价值,就会使用已经建构好的自我与外部世界的现实联系起来。孩子要达到与社会的和谐,首先要建构自己,才能成就自己。一个人从自然人走向社会人的过程,是需要不断打破和重塑,是一个人成长起来的自然过程。

(一)行为的自由

能按自己的意愿活动,就是通过自主活动达到身体的自由控制。人的一生有一种天性,那就是不停地发展生命,并且要按照自己的“心灵胚胎”来发展自己需要的行动、思考和成长轨迹。如果孩子获得了爱和尊重,获得了安全感,就会把所有的精力和注意力都放在自我发展上,孩子对这种发展不会有一秒钟的放弃,因此孩子在活动中是一种正常的状态。但在生活中,很多家长剥夺了孩子自己吃饭的权利,因为他们怕麻烦;很多家长剥夺了孩子自己穿鞋的权利,忽略孩子想要尝试的心,因为着急……这些成人自以为的关心,剥夺的不仅是孩子自己吃饭、穿鞋的能力,还有孩子自理的能力、自卫的能力、辨别的能力;孩子失去的不只是行为的自由,还伴随着失去感觉、思考自由的发展空间。尽管吃饭、穿鞋的动作略显笨拙,但他们会乐此不疲地沉浸其中,“他们没有逃避付出任何努力,而是

凭借自己的能力,努力探索,并满心欢喜地战胜困难。"成人的干预只会打断他们的尝试,限制他们的思维发展,剥夺他们战胜困难的勇气,剥夺他们找到规律的快乐,成年人的干涉会剥夺他走向成功的一次次尝试。"通过自发的体力活动,心灵本身就应该被塑造出来",蒙台梭利说。如果孩子连吃饭的自由都没有,连穿鞋子的自由都没有,谈什么塑造心灵的问题?

(二)智力的自由

从一开始什么都没有,通过独立思考达到思想的独立,靠自己的力量往前走,这就是孩子自发的、有一定规律的理性。孩子的整个生命都是以自己内在的理性为基础,独立发展起来独立思考的能力,这个过程是自然的和具有创造性的。而大人往往犯了一个无意识的错误,认为孩子整个智力的发展都是靠大人,大人总是将自己演成孩子心目中的神,特别是孩子做错事的时候,大人总会急切地告诉孩子应该做什么。当大人看到孩子画出五颜六色的云朵时,也许会及时纠正孩子云朵是白色,孩子会不知不觉习惯了按大人的想法走。可是,大人忽视孩子画画时的专注状态,忽略孩子胸有成竹的神态。首先,专心致志地思考的过程,能培养孩子的意志力和想象力,成人的矫正在不经意间成为摧毁孩子想象力、意志力的东西;其次,当孩子在纸上呈现出绿太阳、五颜六色云彩的紫色天空时,由于观察到天空中有太阳和小鸟的存在,天空、太阳和小鸟的颜色还没有成为孩子观察的对象,大人应该给予肯定。当有一天幼儿对事物的颜色开始敏感时,就画出不需要大人指导的、由幼儿自己完成的红日。成人的责任不是告诉孩子天空和太阳的颜色是什么,而是要推动孩子成为天空的观察者,成为生活的观察者。成人只需为他们提供成长所必需的手段,然后耐心地等待他们缓慢地前进,分享他们曾经经历过的种种快乐和困难,倾听孩子的声音,谦卑地等待他们的长大。

(三)生命的自由

成为独立的人的标志就是通过自由选择而达到意志独立自由。一个新生命的诞生,是成为自己的人生喜悦。孩子时期是自我形成的时期,让孩子自由选择的过程是自我意志运用的过程。孩子2岁左右出现自我意识,觉得"什么都是我的",家长却要他把自己的玩具分享给小朋友;3岁左右开始运用自己的意志,但要买糖果时,母亲坚持要给她买一瓶水,被大人用冠冕堂皇的理由给破坏了。孩子长期被这种外在的力量压抑着,只会慢慢地失去自我,反而变成大人的附属品,没有自己的思想。当我们看到一个3岁的孩子,因为不喜欢你而认真地对你说"不想让你抱"的时候,是否可以看看孩子的反应,他们是否得到了自我意识表达后的喜悦与自在。

三、在爱和自由的环境中迎接纪律的曙光

"人一定要自己做主,这是第一点,当你自己做主的时候,当你自动按照生活的一些准则去做的时候,那你就有自控的能力,我把人的这种自控称为纪律。"我们通常所理解的纪律,就是要听大人的话,安安静静地坐着,眼睛要看得好好地。蒙氏教育中的"纪律"与"自由"一样,都是具有很大外延的概念。

（一）生命的纪律——规则，用规则保证儿童获得爱和自由

"不建立规则，就等于暴力"，因为只有规则才能保证人之间的平等，而现实中，成人往往会根据自己、甚至自己的情绪来对待孩子，通过一种权威的手段来实现"规则"，这其实就是成人内心的无规则的表现。我们要用爱的方式，逐步帮助孩子建立规则，而不是建立权威。通过一种权威的方式：比如，跳跳因为和别的孩子打架，家长被班主任约谈，家长回来后不问青红皂白就指责跳跳，跳跳越辩解，爸爸越生气，跳跳最后选择了接受爸爸错误的事实。因为害怕权威，跳跳失去了解说的机会，也失去了敢作敢当、相信真理的勇气；再比如，芳芳的妈妈回到家看到正在看电视的芳芳，二话不说就把电视给关了，还跟芳芳发脾气，而原因与这件事并不相关，是妈妈在单位遇到了不顺心的事，家长的情绪常常是这样的。时间长了，孩子会观察母亲的情绪再做任何事，而不是随心所欲地自我发展。如果跳跳的爸爸能了解整个事件的过程，认真地分析事件的经过，告诉跳跳到底是谁错，应该以什么样的方式处理，会帮助跳跳树立正确的是非观，培养跳跳正义、勇敢的品质。如果芳芳妈妈能与芳芳约定在晚上固定的时间段完成作业可以看电视，给孩子建立看电视的规矩并遵守，芳芳也能学会在有安全感的环境下，有条理地和别人相处。作为家长，如果不反省自己作为家长对孩子的权威，如果不控制自己的情绪，孩子就享受不到真正的自由，因为判断是非对错的是家长。孩子在家长的情绪中，孩子只有服从家长的权威，而不是服从内在的成长动力，不是服从内在的精神密码。所以，规则并不是限制孩子的自由，而是确保孩子能得到充分的爱和自由，并在生存的环境中得到尊重。通过规则的建立，帮助孩子建立正确的是非标准，让孩子在心理上有一种安全感和力量。如果我们用规则的环境、规则的语言、规则的情绪去对待孩子，接近真理的内在规则也会悄无声息地降临到孩子的身上。

（二）智力的纪律——专注，专注产生于自由，专注产生智慧

集中精力是一个科学家应有的素质。但专注力的产生要求孩子在思想上要自由，在行动上也要自由。在自由的环境中，孩子能够发现和选择自己感兴趣的东西，因为有兴趣，所以孩子在重复的过程中会产生专注，不管孩子是专注地观察，还是专注地工作，都是孩子的思考过程。在这种思考后的认知过程中，孩子会对对应概念产生感觉，也会逐渐感知和把握其中的规律，并顺从这个规律，这就是智慧。我们在生活中经常会看到很多孩子大脑反应特别快，看到妈妈生气了马上认错，看到客人来了马上放下手中的工作过来问好。因为他知道什么样的行为才会受到表扬或者关注，这样的孩子是没有思考过程的，更多的是条件反射，而不是聪明。

（三）行为的纪律——顺服，儿童因爱而愿意顺服，因意志而能够顺服

所谓顺服，不是我们常说的言听计从、大人怎么说就怎么做。蒙氏教育方法中的顺服和意志是两种含义。顺服是指服从真理的主观意志和事物的本质，意志是对真理的坚持和对真理的探求。蒙台梭利认为人的正常状态是顺服，对孩子来说，顺服的感觉是荣耀和幸福的。但要让孩子达到顺服的境界，还得经过一个过程：不顺服—选择性顺服—顺服。

　　不顺服阶段的孩子在大人眼里是"任性"的，这个阶段如果能给孩子自由的选择，尊重孩子的"任性"，让他服从自己的意志，当他发展完善了这个观念，有了这个能力，才会出现听话。比如，妮妮在吃米饭时是不允许大人往米饭上放菜的，甚至不小心滴了一滴油到碗里，她都会要求换碗。其实，这是她在打造一个"完美"的概念，当大人们破坏了这种完美的感觉之后，孩子们就会哭着去与大人斗争，维护自己追求的完美。孩子与大人斗争的过程，也是孩子意志力形成的过程，当孩子的意志力被大人剥夺时，他开始看大人的脸色，开始向大人屈服。孩子如果连自己的意志都不能服从，就不会服从他人的意志。

　　选择性顺服阶段的孩子会根据大人提出的要求选择自己是否顺服，这个阶段大人要能够理解和接受孩子的"反复无常"，孩子在自由的环境中，他会用心灵观察环境，进行自我调节，孩子会根据自己的能力选择自己所要服从的规则，他能把握自己的意愿去遵守规则。当一个规则太难，孩子没有能力遵守的时候，孩子会告诉大人他无法完成。如果大人要求孩子一定要按照规则去遵守，有可能会造成孩子的不诚信品质。所以，顺服是儿童的正常状态，当儿童不顺服的时候，是他没有能力遵守这个规矩的时候，也体现孩子的意志尚未健全。

　　顺服阶段的孩子是有自己的想法的，在爱与自由的环境中，不断地从大人的理解与包容中感受到爱、信任与尊重，顺从自己的意志，建立起某种独立自主的能力，开始懂得事物的本质与规律，并开始顺从这种规律，孩子开始渴望顺从，就是顺从本真。这个时候他们的意志力是无限的，是让大人感动和自叹不如的，他们会为了完成这个任务而想尽各种办法，无论这个任务是多么艰难，而且他们会很开心，在这个过程中他们的顺从和意志都是极其强烈的。孩子愿意听话，是因为有爱；能听话，是因为有意志力。

参 考 文 献

[1] 熊孟雪.蒙台梭利教学法本土化个案研究[D].贵阳:贵州师范大学,2020.

[2] 朱文娟.蒙台梭利教学法本土化探究[D].重庆:西南大学,2012.

[3] 杨莉君.蒙台梭利教学法需要科学地解读和本土化[J].人民教育,2004(11):3.

[4] 蒙台梭利.童年的秘密[M].单中惠,译.北京:中国长安出版社,2010.

[5] 吴晓辉.0～6岁敏感期影响孩子的一生[M].北京:中国纺织出版社,2018.

[6] 张红兵.蒙台梭利教育理论概述[M].北京:北京理工大学出版社,2007.

[7] 蒙台梭利.蒙台梭利儿童教育手册[M].肖永捷,译.北京:中国发展出版社,2003.

[8] 刘宇.和优秀教师一起读蒙台梭利[M].北京:中国青年出版社,2011.

[9] 蒙台梭利.蒙台梭利育儿法[M].中国儿童教育专家组,编译.兰州:兰州大学出版社,2001.

[10] 蒙台梭利.蒙台梭利儿童教育手册[M].肖咏捷,译.北京:中国发展出版社,2003.

[11] 蒙台梭利.有吸收力的心灵[M].高潮,薛杰,译.北京:中国发展出版社,2006.

[12] 梁志燊.蒙台梭利教育在幼儿园中的成功运用[M].上海:第二军医大学出版社,2004.

[13] 李道佳.蒙台梭利幼儿日常生活练习[M].上海:第二军医大学出版社,2004.

[14] 蒙台梭利.蒙台梭利早期教育法[M].爱立方,译.北京:北京理工大学出版社,2015.

[15] 蒙台梭利.儿童教育手册[M].爱立方,译.北京:北京理工大学出版社,2015.

[16] 李娜.蒙台梭利幼儿自我教育思想探析[D].淮北:淮北师范大学,2016.

[17] 尹春玲.蒙台梭利儿童身体教育思想研究[D].天津:天津大学,2018.

[18] 陈萍.蒙台梭利学前教育思想在中国的引进及其影响[D].太原:山西大学,2008.

[19] 杨莉君.试论蒙台梭利教育方案的现代化与中国化[J].学前教育研究,2002(5):45-47.